うかる！行政書士

JN018022

2024年度版

入門ゼミ

伊藤塾 編

日本経済新聞出版

目　次

ガイダンス

行政書士とは

行政書士とは、「行政書士法」に基づく国家資格です。

行政書士は、その名の示すとおり、行政手続を専門とする法律の専門家です。依頼者に代わって、官公署（都道府県庁、市役所、村役場、警察署、消防署など）に提出する書類の作成や申請手続などを行います。

行政書士の業務

行政書士の主な業務は下記の3つです。

・書類作成業務
・提出代理業務
・相談業務

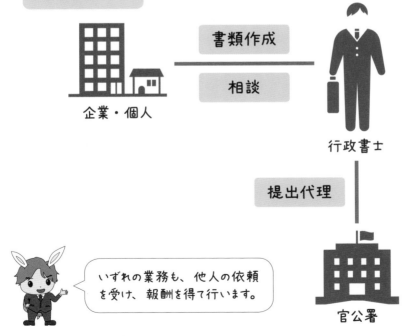

企業・個人 ―― 書類作成 / 相談 ―― 行政書士 ―― 提出代理 ―― 官公署

いずれの業務も、他人の依頼を受け、報酬を得て行います。

書類作成業務

行政書士が作成できる書類は、下記の3種類です。

官公署に提出する書類　許認可に係る各種申請

権利義務に関する書類　各種契約書、遺言書、
遺産分割協議書、示談書など

事実証明に関する書類　内容証明郵便、相続関係説明図、
事故状況報告書など

> 行政書士が扱える書類の数は10,000種類以上！
> ただし、他の法律(弁護士法、税理士法、社会
> 保険労務士法など)で制限されているものについて
> は、行政書士は作成することはできません。

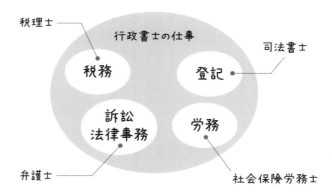

税理士 ── 行政書士の仕事 ── 司法書士
　　　税務　　登記
　　　訴訟
　　　法律事務　　労務
弁護士 ──　　　── 社会保険労務士

※行政書士が作成できない書類については、224ページをご参照ください。

提出代理業務

　書類の作成だけでなく、行政書士は作成した許認可申請の書類を官公署に提出する手続を代理で行うことができます。

相談業務

　行政書士は、依頼された書類の作成について相談に応じることができます。相続や離婚、クーリングオフなど個人に関する相談業務だけでなく会社設立や事業を開始する際の許認可取得の相談など、ビジネスコンサルタントとしての仕事も増えています。

　これらの手続は、個人で行うことも可能ですが、書類の不備や記入もれなどで、書き直しや再提出になってしまうことも少なくありません。書類作成のプロである行政書士に依頼すれば、確実に、しかも迅速に手続を済ませることができます。事務処理を効率的に行えるため、依頼者にとっては、時間や労力をロスすることがないので、本業に専念することができます。

特定行政書士って何？

　特定行政書士とは、行政不服申立て手続の代理業務が行える行政書士のことです。もともと不服申立てを依頼者に代わって行うのは弁護士の独占業務でしたが、行政書士法の改正により、特定の研修を受けて試験に合格した行政書士については取り扱うことができるようになりました。

「特定行政書士」になるには、まずは「行政書士」資格を取らないと。

行政書士の具体的な業務

建設業 許可申請

建設業許可取得・更新、各種変更手続

★行政書士の花形業務。
案件数も多く、建設業許認可を専門とする行政書士も

飲食店 営業許可

レストランやカフェ、居酒屋などの飲食店営業手続(飲食店営業許可申請、防火対象物使用開始届など)

自動車関連

自動車購入の際の手続(新規登録・移転登録、車庫証明、出張封印など)

在留許可 VISA

日本の国籍取得を希望する人の帰化申請の手続や、外国人登録・在留資格の取得・永住許可・国際結婚の手続など

★申請取次行政書士であれば、申請人に代わって申請書類等を提出することも可能

法人設立

株式会社やNPO法人、医療法人等、法人の設立手続とその代理及び事業運営の支援(定款・議事録の作成、会計記帳、公的融資手続)など

★書類作成だけでなくアドバイスを行うことも

相続・遺言

遺言書の起案・作成の支援、遺産分割協議書等の作成、相続財産の調査、相続人の確定調査、成年後見人関係の相談など

特定の分野を極めてスペシャリストになる行政書士も少なくありません。建設業の許認可専門の行政書士や自動車業務に強いことを打ち出してる行政書士、最近ではドローン飛行許可を専門とする行政書士も。

資格取得後の働き方

行政書士の働き方は、様々です。

独立開業

行政書士は、独立開業にあたっての実務経験や実務修習のようなものが必要ないため、行政試験合格後、行政書士登録をすれば、すぐに独立開業できます。

事務所に勤務

個人事務所として独立開業する以外に、最近では、複数の行政書士が集まった、共同事務所や行政書士法人などで、先輩行政書士の使用人、若しくは、行政書士法人の使用人として実務を行う人も増えています。

行政書士としての経験が積めるというメリットがありますね。

税理士・社会保険労務士・司法書士など、他の士業の人たちと合同事務所を設立する人も増えています。必要とする関連手続を 1 か所ですべて完了できるワンストップ・サービスを可能にすれば、市民の利便に資することはもちろん、事務所経営としても安定することでしょう。

一般企業への就職・転職に有利

行政書士資格の保有は、一般企業へのアピールとしても有効です。
一定の法律知識を持っていると評価する企業もあり、法務部、総務部などへの転職、就職、キャリアアップの可能性が広がります。

行政書士試験とは

 ## 試験情報

　行政書士試験は、年1回、例年11月の第2日曜日に、全国47都道府県で実施されます。

試験のスケジュール

願書配布／出願 （7月下旬～8月下旬）	→	行政書士本試験 （11月第2日曜日）	→	合格発表 （翌年1月下旬）

試験概要

受験資格	年齢・学歴・国籍等に関係なく、誰でも受験することができます
試験日	11月第2日曜日　午後1時～午後4時（3時間）
受験手数料	10,400円
合格発表日	試験を実施する日の属する年度の1月下旬

〈試験実施機関〉
一般財団法人行政書士試験研究センター

電話：（試験専用）03-3263-7700
URL：https://gyosei-shiken.or.jp/index.html

受験者数・合格者数・合格率の推移

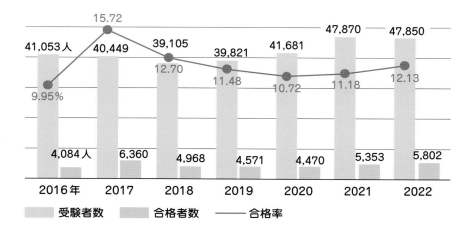

凡例: 受験者数　合格者数　—— 合格率

試験科目（2024年度）

試験は筆記試験によって行われます。

試験科目は、法令科目と基礎知識科目の2つに分けられます。

試験科目	内容等	出題形式
行政書士の業務に関し必要な法令等（出題数46題）	憲法、行政法（行政法の一般的な法理論、行政手続法、行政不服審査法、行政事件訴訟法、国家賠償法及び地方自治法を中心とする）、民法、商法（会社法含む）及び基礎法学の中からそれぞれ出題	5肢択一式多肢選択式記述式
行政書士の業務に関し必要な基礎知識（出題数14題）	一般知識、行政書士法等行政書士業務と密接に関連する諸法令、情報通信・個人情報保護及び文章理解の中からそれぞれ出題	5肢択一式

※　法令については、試験を実施する日の属する年度の4月1日現在施行されている法令に関して出題される。

〈科目の全体像〉

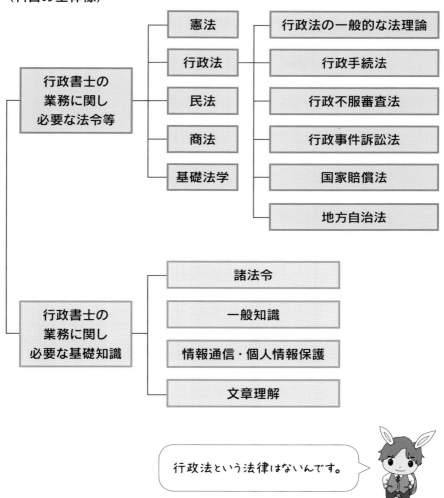

行政書士の
業務に関し
必要な法令等

- 憲法
- 行政法
  - 行政法の一般的な法理論
  - 行政手続法
  - 行政不服審査法
  - 行政事件訴訟法
  - 国家賠償法
  - 地方自治法
- 民法
- 商法
- 基礎法学

行政書士の
業務に関し
必要な基礎知識

- 諸法令
- 一般知識
- 情報通信・個人情報保護
- 文章理解

行政法という法律はないんです。

試験の特徴

　行政書士試験は、法律専門家登用試験としての色彩が濃く、法令等科目の問題数が46問であるのに対し、基礎知識の科目の問題数は14問となっており、法令等科目の比重が大きくなっています。中でも「行政法」と「民法」の2科目が出題の中心となっており、法令科目の配点全体の約8割を占めています。

〈これまでの各科目の出題数と配点〉

科目		出題形式			配点	科目合計
		5肢択一式 (1問4点)	多肢選択式 (1問8点)	記述式 (1問20点)		
法令等	基礎法学	2問			8点	46問／ 244点
	憲法	5問	1問		28点	
	行政法	19問	2問	1問	**112点**	
	民法	9問		2問	**76点**	
	商法	5問			20点	
一般知識等 （※）	政治・経済・社会	8問			32点	14問／ 56点
	情報通信・個人情報保護	3問			12点	
	文章理解	3問			12点	
合計		54問／ 216点	3問／ 24点	3問／ 60点	300点	60問／ 300点

※　2024（令和6）年度試験より、一般知識等科目は基礎知識科目に改められます。本書製作時点（2023年10月末）では詳細は確定していませんが、科目ごとの出題数や内訳に大きな変更はないと思われます。改正内容がわかり次第、伊藤塾ホームページに掲載する予定です。

合格基準（2023年度まで）

行政書士試験は、下記の3つの基準をすべて満たした者が合格となります。

①	行政書士の業務に関し必要な法令等科目の得点が、満点の**50%**以上であること ⇒　244点満点中122点以上
②	行政書士の業務に関連する一般知識等科目の得点が、満点の**40%**以上であること ⇒　56点満点中24点以上
③	試験全体の得点が、満点の**60%**以上であること ⇒　300点満点中180点以上

出題形式

▶ 5肢択一式：1問4点

5つの選択肢から正解を1つ選ぶものです。

問題例／令和4年度試験　問題47

　ロシア・旧ソ連の外交・軍事に関する次の記述のうち、妥当なものはどれか。

1　1853年にロシアはオスマン朝トルコとウクライナ戦争を起こし、イギリス・フランスがトルコ側に参戦して、ウィーン体制に基づくヨーロッパの平和は崩壊した。

2　第一次世界大戦の末期の1917年に、ロシアでいわゆる名誉革命が生じ、革命政権は「平和に関する布告」を出し、社会主義インターナショナルの原則による和平を求めた。

3　独ソ不可侵条約・日ソ中立条約を締結してから、ソ連は1939年にポーランドに侵攻して東半分を占領し、さらにフィンランドとバルト三国とスウェーデンも占領した。

4　1962年にキューバにソ連のミサイル基地が建設されていることが分かり、アメリカがこれを空爆したため、キューバ戦争が起こった。

5　1980年代前半は新冷戦が進行したが、ソ連の最高指導者ゴルバチョフは新思考外交を展開し、1989年の米ソ両首脳のマルタ会談において、東西冷戦の終結が宣言された。

正解　5

空欄（ア～エ）に入る語句を20個の選択肢の中から選ぶものです。

問題例／令和3年度試験　問題42

　感染症法*の令和3年2月改正に関する次の会話の空欄　ア　～　エ　に当てはまる語句を、枠内の選択肢（1～20）から選びなさい。

教授A：今日は最近の感染症法改正について少し検討してみましょう。

学生B：はい、新型コロナウイルスの感染症防止対策を強化するために、感染症法が改正されたことはニュースで知りました。

教授A：そうですね。改正のポイントは幾つかあったのですが、特に、入院措置に従わなかった者に対して新たに制裁を科すことができるようになりました。もともと、入院措置とは、感染者を感染症指定医療機関等に強制的に入院させる措置であることは知っていましたか。

学生B：はい、それは講学上は　ア　に当たると言われていますが、直接強制に当たるとする説もあって、講学上の位置づけについては争いがあるようです。

教授A：そのとおりです。この問題には決着がついていないようですので、これ以上は話題として取り上げないことにしましょう。では、改正のポイントについて説明してください。

学生B：確か、当初の政府案では、懲役や100万円以下の　イ　を科すことができるとなっていました。

教授A：よく知っていますね。これらは、講学上の分類では　ウ　に当たりますね。その特徴はなんでしょうか。

学生B：はい、刑法総則が適用されるほか、制裁を科す手続に関しても刑事訴訟法が適用されます。

教授A：そのとおりですね。ただし、制裁として重すぎるのではないか、という批判もあったところです。

学生B：結局、与野党間の協議で当初の政府案は修正されて、懲役や　イ　ではなく、　エ　を科すことになりました。この　エ　は講学上の分類では行政上の秩序罰に当たります。

教授A：そうですね、制裁を科すとしても、その方法には様々なものがあることに注意しましょう。

（注）＊　感染症の予防及び感染症の患者に対する医療に関する法律

1	罰金	2	過料	3	科料	4	死刑
5	公表	6	即時強制	7	行政代執行	8	仮処分
9	仮の義務付け	10	間接強制	11	課徴金	12	行政刑罰
13	拘留	14	損失補償	15	負担金	16	禁固
17	民事執行	18	執行罰	19	給付拒否	20	社会的制裁

正解

ア 「6　即時強制」　イ 「1　罰金」
ウ 「12　行政刑罰」　エ 「2　過料」

▶記述式：1問20点

設問に対する解答を40字程度で記述するものです。

問題例／令和4年度試験　問題46

　Aは、工場を建設するために、Bから、Bが所有する甲土地（更地）を、賃貸借契約締結の日から賃借期間30年と定めて賃借した。ただし、甲土地の賃借権の登記は、現在に至るまでされていない。ところが、甲土地がBからAに引き渡される前に、甲土地に何らの権利も有しないCが、AおよびBに無断で、甲土地に塀を設置したため、Aは、甲土地に立ち入って工場の建設工事を開始することができなくなった。そこで、Aは、Bに対応を求めたが、Bは何らの対応もしないまま現在に至っている。Aが甲土地に工場の建設工事を開始するために、Aは、Cに対し、どのような請求をすることができるか。民法の規定および判例に照らし、40字程度で記述しなさい。

解答例 Bの所有権に基づく妨害排除請求権を代位して、塀の撤去及び損害賠償を請求することができる。(44字)

試験対策

法律の勉強の方法

1. 基本的な考え方を中心に学ぶ

法の趣旨、原則と例外など基本的な考え方を重視してください。細かいことは最初の段階ではあまり気にしないことです。

2. 具体的に考えることを忘れない

法律の概念は抽象的なので、具体的なイメージを持つことが大切です。また、時事問題に関心を持ってください。複眼的なモノの見方が訓練できます。これらのことを意識しながら学習することで法的思考力（リーガルマインド）が養われれます。

リーガルマインド

- ① ルールをつくり、事実をそれに当てはめて解決する力
- ② 様々な価値の中で優先順位をつけて判断する力
- ③ 事実と意見を区別する力
- ④ 両当事者の言い分を聞いてから判断する力

行政書士試験学習のポイント

行政書士試験の学習を始めるにあたって、以下の点に注意しながら学習を進めていってください。

1. 暗記ではなく、理解する

一番重要なことは、暗記するのではなく、理解した上で記憶することです。

「理解する」とは、単にその結論を覚えるのではなく、なぜそのような条文や制度があるのか、なぜそのような結論になるのか等について、基本原理・原則、

条文の立法趣旨、重要判例の理由付け等をも押さえながら学習することを意味します。

2. 比較しながら学習する

1の理解する学習と関連しますが、関連事項を比較しながら学習することによって、理解が深まり、学習した事項も忘れにくくなります。共通する点はどこか、異なる点はどこで、それはどのような理由に基づくのかについて、理解しましょう。

3. 全科目をバランスよく学習する

合格点を取るためには、バランスよく得点することが必要です。マスターするのに時間がかかる主要2科目の「行政法・民法」を得意科目とするように学習し、その他の科目についても、学習できる時間には制限があることを考えて、バランスをとりながら、全科目を平均的にレベルアップさせてください。

しかし、全科目をバランスよく学習するといっても、具体的な指針がなければ、実践していくのは難しいものです。そこでまず、得点戦略について考えてみましょう。得点戦略を立てることで、どの科目にどの程度の時間をかけるべきかが明確になり、バランスよく効率的に学習を進めることができます。

得点戦略

1 得点計画

※これまでの配点を基にした得点計画です。

得点計画を立てる際は、まず、基礎知識科目が合否判定基準をギリギリで満たした24点(最低6題得点)と仮定した上で、法令等科目のことを考えるとよいでしょう。全体の合否判定基準は180点以上であることから、法令等科目の得点目標としては、180 − 24 = 156点以上となります。

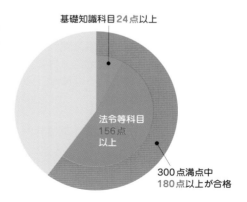

基礎知識科目24点以上

法令等科目
156点
以上

300点満点中
180点以上が合格

次に、この156点を出題形式別に見たときに、どのような内訳で得点すればよいかを考えてみましょう。次の点数を目安にしてみてください。

法令等科目の目標得点

記述式問題……20 〜 30点
択一式問題……126 〜 136点

　択一式問題をさらに形式別に見ると、多肢選択式は比較的容易であると考え、多肢選択式は小問全12題中10題以上、5肢択一式は29題以上を得点すれば、択一式の得点計画である136点を超えることができます。

　まとめると、法令等科目156点以上（5肢択一式29題以上、多肢選択式小問10題以上、記述式1題以上完答）、基礎知識科目24点以上（6題以上）を得点計画とするとよいこととなります。

　ただし、これはあくまでも一般論にすぎません。試験年度によって出題形式の難易度も異なるので、一定の目標として考えておくべきでしょう。

2 科目別戦略
※配点及び問題数は、これまでのものを参考にしています。

憲法

配点：28点／300点

5肢択一式：5問出題
⇒人権の分野では、最高裁判所の判例の知識を問う問題が多く出題されます。また、統治の分野では、条文の正確な知識が必須です。しっかり覚えるところは覚え、必ず得意科目にしましょう。

多肢選択式⇒1問出題
⇒判例からの出題も多く重要判例での論点などの確認を行い対策をしてください。

◎必要正解数は出題数の7割程度。

民法

配点：76点／300点

5肢択一式：9問出題
⇒過去の本試験では、民法の条文全体からまんべんなく出題されていますが、その中でも、意思表示、代理、物権変動、各種の契約など、民法の重要テーマに関する問題がよく出題されます。また、制度の横断的理解を問う問題や、最高裁判所判例も度々出題されています。しっかり準備を行ってください。

記述式：2問出題
⇒登場人物が複数人の事例問題もありますので、図を描きながら事案を読み解くよう、普段の学習から心掛けてください。

◎必要正解数は出題数の5割。

商法

配点：20点／300点

5肢択一式：5問出題
⇒商法（会社法）は条文数が多い割には配点が少ない科目です。ですが、決して捨て科目にすることのないように、まずは過去に出題された分野を中心にメリハリのある学習を心掛けてください。

◎必要正解数は出題数の4～5割。

行政法

配点：112点／300点

5肢択一式：19問出題
⇒行政書士試験において一番配点の多い科目であり、条文の知識から
抽象的な概念まで幅広い知識を問われます。そのため、やみくもに
暗記をする学習ではなく、しっかりした戦略を立て、一定の時間を
かけて基礎知識から押さえていく学習を行うようにしてください。

多肢選択式：2問出題
⇒判例や定義の出題が多くなっています。基礎を理解する学習を心掛
けてください。

記述式：1問出題
⇒条文の要件・効果を問われることが多いです。まずは条文を理解し、
問題文の事案は、どの条文を使うのが適切なのかを読み解く訓練を
しましょう。

◎必要正解数は出題数の7割。

基礎法学

配点：8点／300点

5肢択一式：2問出題
⇒出題範囲が広く、学習分野の幅を絞るのが難しいため、『総合テキス
ト』に記載されている事項や『総合問題集』にある問題に絞り、
学習を行ってください。初学者は、『入門ゼミ』のこのパートをま
ず押さえておくと理解が早いでしょう。
⇒2問しか出題されず配点も低いので、学習時間を割きすぎないよう
にしましょう。

基礎知識

5肢択一式：14問出題　　　　　　　　配点：**56**点／300点

⇒合格するためには、基礎知識科目で4割以上（基準点）を得点しなければなりません。

⇒各分野の中で、「一般知識」は出題テーマの予想が難しいのに対し、「諸法令」と「情報通信・個人情報保護」は、行政書士法や個人情報保護法の出題が想定されます。試験戦略上、これらの分野はポイントを絞った対策を十分に立てておく必要があるでしょう。

⇒「一般知識」については、時事問題やそれに関連したテーマから出題される場合がありますので、普段からニュースに目を通しておきましょう。「文章理解」については、過去問題を解いて出題方式に慣れておき、得点源にしたい分野です。

◎必要正解数は最低6問。できれば7問以上。

本試験当日から逆算した学習計画を立てる

　行政書士試験は絶対評価で、全体の6割を得点できれば合格できます。そこで、「基準点を確実にクリアし、本試験の問題を6割得点するための学習を試験日までに終わらせる」という発想が非常に重要です。そもそも完璧に学習しなければ試験に合格できないわけではありません。苦手科目がある場合は、苦手意識を持ったまま本試験に臨むのではなく、例えば、通勤時間等の空き時間をみつけて、苦手科目を少しずつでも克服することが大切です。最終的には、本試験直前の2週間程度で、全科目をもう一度見直すとよいでしょう。

合格のための5つの法則

1　最後まで諦めない気持ち
2　繰り返しの復習
3　問題演習の重視
4　手を広げない
5　謙虚・感謝の気持ち

学習モデルプラン

11月〜	

第1段階

学習方法を
確定させる

第2段階

体系をつかむ

12月〜	

第3段階

理解し
定着させる

8月〜

第4段階

繰り返す

実力診断

10月〜

**11月10日
本試験予定**

第1、2段階について

📖『うかる！ 行政書士 入門ゼミ』

行政書士試験の全体像をつかみましょう。最初は理解できなくても、一通り最後まで読んでみることが大切です。

第3段階について

📖『うかる！ 行政書士 総合テキスト』

合格に必要な知識を身につけます。ここでの基礎力作りが直前期に生きてきます。学習環境にもよりますが、最低2回は通読しましょう。学習ペースとしては、12〜1月までに行政法・民法、2〜3月でその他の科目を終わらせ、4月以降も同様に繰り返しましょう。本試験前の2週間で全体を見渡せる程度に確認すべき事項を、自分なりに絞り込んでおきましょう。

📖『うかる！ 行政書士 総合問題集』

身につけた知識が使える知識になっているかどうかを本書で確認しましょう。学習ペースとしては、『総合テキスト』の憲法のChapterが終わったら、『総合問題集』の憲法のChapterを解くというように、『総合テキスト』の学習と並行して進めるとよいでしょう。

📖『うかる！ 行政書士 民法・行政法 解法スキル完全マスター』

📖『うかる！ 行政書士 憲法・商法・一般知識等 解法スキル完全マスター』

問題を解くためのスキルを身につけ、得点力を養いましょう。

第4段階について

📖『うかる！ 行政書士 新・必修項目115』

直前期の知識整理に使いましょう。隙間時間を有効に活用して、繰り返し確認しましょう。

🦊 **伊藤塾　公開模擬試験**

身につけた知識やスキルを本試験で発揮できるようにするために、本試験と同じ時間帯・形式（問題数・問題形式・会場など）で実施する伊藤塾の公開模試を受けましょう。

伊藤塾では、思い立ったときに学習が始められるよう、学習レベルや学習環境に合わせた講座を多数取り揃えています。詳しくは、伊藤塾ホームページをご覧ください。

得点計画表

記述式	/ 60点
択一式	/240点
合　計	/300点

〈択一式出題形式の内訳〉

5肢択一式

	基礎法学	/ 2問
法令等	憲　法	/ 5問
	行政法(地方自治法を含む)	/19問
	民　法	/ 9問
	商　法(会社法を含む)	/ 5問
	小　計	/40問
基礎知識	諸法令 一般知識 情報通信・個人情報保護 文章理解	/全14問
	小　計	/14問
合　計		/54問

多肢選択式	/ 3問

※　5肢択一式は1問4点、多肢選択式は1問8点(空欄1つにつき2点)、記述式は1問20点(ただし部分点あり)

学習進度表

		学習予定日	学習日	学習進度
『うかる！行政書士 入門ゼミ』を購入				
ガイダンス		／	／	
憲 法	Chapter 1	／	／	
	Chapter 2	／	／	
	Chapter 3	／	／	
民 法	Chapter 1	／	／	
	Chapter 2	／	／	
商 法	Chapter 1	／	／	
	Chapter 2	／	／	
行政法	Chapter 1	／	／	50%
	Chapter 2	／	／	
	Chapter 3	／	／	
	Chapter 4	／	／	
	Chapter 5	／	／	
	Chapter 6	／	／	
基礎法学	Chapter 1	／	／	
基礎知識	Chapter 1	／	／	
	Chapter 2	／	／	
	Chapter 3	／	／	
	Chapter 4	／	／	100%

Chapterが
終わったら
塗りつぶそう！

いいぞ！
その調子！

やったー!!
あと半分
まできたぞ!!

もう一息！
ラスト
スパートだ!!

よく頑張ったね！
これで入門
マスターだ!!

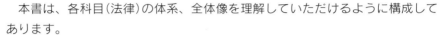

本書の使い方

　本書は、各科目（法律）の体系、全体像を理解していただけるように構成してあります。

　はじめて行政書士試験を受験される方は本格的な学習を始める前に、必ず本書を読んでください。最初に全体像を理解すると、今後の学習において常に自分がどのあたりを勉強しているのかが意識でき、学習を効果的に進められます。本書を読んで、各科目の体系、全体像を確認してください。

　はじめのうちは、本文すべてを完璧に理解するのは難しいかもしれませんが、今後の本格的な学習を通じて少しずつ理解していけばよいので、あせらず学習していきましょう。

　また、合格基準点は例年6割ですので、すべてを理解して得点する必要はありません。行政書士試験合格に向けて、まず各科目（法律）の基礎、体系を押さえましょう！

　本書を最低2回は通読してください。効果的に学習できるよう、本書には様々な要素が盛り込まれています。それぞれの要素の意味を理解してから学習を始めましょう。

まずは、体系・全体像を押さえるためにも「目次」を見てください。できれば、目次はコピーして常に脇において、今どの位置にいるかを確認しながら本書を通読してください。

カメウサ先生

コピーした目次は、しおり代わりにもなりますよ。

カメウサ先輩

　この背中に甲羅を背負ったウサギは、伊藤塾行政書士試験科のキャラクターです。『うかる！ 行政書士 総合テキスト』で詳しく説明していますが、Festina lente（ゆっくり急げ）から生まれたキャラクターです。本書では、カメウサ先生が学習のポイントや補足説明をコメントし、カメウサ先輩は、行政書士試験の勉強をしている先輩として、学習のアドバイスをコメントします。

イントロダクション

Chapter で学ぶ内容を簡単にイメージできるように絵や図を載せています。学習のポイントや注意すべき視点などもコメントしていますので、絵や図とあわせて、そのChapterで学ぶ内容をイメージしてみてください。

総合テキストへのリンク

本書の学習後に利用する、『うかる！行政書士 総合テキスト』の該当Chapterを示してあります。

セクション

本書で最も重要なところです。1行1行ゆっくりでよいので、しっかりと理解しながら読んでください。無理に記憶する必要はありません。まずは理解するということを心掛けるだけでOKです！ セクションの構成要素については次ページを見てみましょう。

重要度

本試験における出題頻度を、高いほうからA、B、Cで表しています。『うかる！行政書士 総合テキスト』で学習を始めたら、意識して利用しましょう。

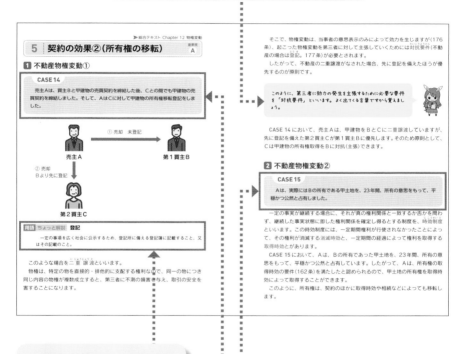

アドバイス

カメウサ先生からは、理解を助ける内容や一歩進んだ内容など、行政書士試験講師からの重要な事項のアドバイスを掲載しています。
カメウサ先輩からは、行政書士試験の勉強をしている先輩受講生のアドバイスを掲載しています。参考にしながら学習を進めてください。

ガイダンス

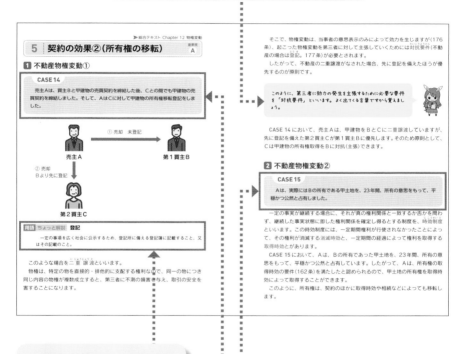

用語ちょっと解説

法律の学習には、普段の生活では聞きなれない言葉が出てきます。一般的に使われるものとは異なる意味の用語もあります。それらの用語を間違った意味に捉えることがないように、簡単に説明しています。

CASE

法律を理解するためには、具体例をイメージしながら学習することが重要です。そこで、具体例をCASEとして載せています。比較的やさしい具体例となっていますので、その場面を思い浮かべながら本文を読んでみてください。

リンク

民法と行政法など科目どうしを横断的に整理したほうが理解しやすいテーマを掲載しています。特に本試験に出題されやすい箇所を中心に掲載していますので、2回目に通読する際に読んでください。

達成度チェック

各セクションで学んできたことを3択のクイズ形式で確認します。達成度チェックで問われていることは、必ず押さえましょう！ また、解いた日付と正誤を記入しておき、各科目の扉ページにある達成度表とあわせて使えば、より効率的な学習ができます。

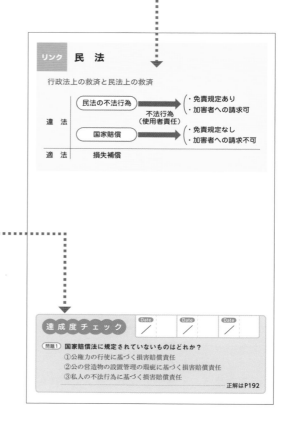

| リンク | 民 法 |

行政法上の救済と民法上の救済

違法
- 民法の不法行為 → 不法行為（使用者責任）
  - ・免責規定あり
  - ・加害者への請求可
- 国家賠償 → 不法行為（使用者責任）
  - ・免責規定なし
  - ・加害者への請求不可

適法　損失補償

達 成 度 チェック

| Date / | Date / | Date / |

問題1 国家賠償法に規定されていないものはどれか？
　①公権力の行使に基づく損害賠償責任
　②公の営造物の設置管理の瑕疵に基づく損害賠償責任
　③私人の不法行為に基づく損害賠償責任

正解はP192

Let's challenge!!

実際の行政書士試験で出題された問題を掲載してあります。
各セクションで学んだ知識が、本試験ではどのような形式で出題されているのか、確認できます。ただ、はじめて学習する方は問題が解けなくて当然ですし、解説を理解することも難しいかもしれません。本書で学ぶ事項は、いわば、こうした本試験問題を解けるようになる際の土台となるものですので、解けなくても心配せずに、そのまま学習を進めてください。この段階では、本試験ではこのような問題が出題されているということを意識しておく程度で十分です。

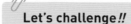

Let's challenge!!

●これまで学習したことを、本試験問題で体感しよう！

問題1 デモクラシーの刷新を綱領に掲げる政党Xは、衆議院議員選挙の際の選挙公約として、次のア～エのような内容を含む公職選挙法改正を提案した。

ア　有権者の投票を容易にするために、自宅からインターネットで投票できる仕組みを導入する。家族や友人とお茶の間で話し合いながら同じ端末から投票することもでき、身近な人々の間での政治的な議論が活性化することが期待される。

イ　有権者の投票率を高めるため、選挙期間中はいつでも投票できるようにするとともに、それでも3回続けて棄権した有権者には罰則を科すようにする。

ウ　過疎に苦しむ地方の利害をより強く国政に代表させるため、参議院が都道府県代表としての性格をもつことを明文で定める。

エ　地方自治と国民主権を有機的に連動させるため、都道府県の知事や議会議長が自動的に参議院議員となり、国会で地方の立場を主張できるようにする。

　この提案はいくつか憲法上論議となり得る点を含んでいる。以下の諸原則のうち、この提案による抵触が問題となり得ないものはどれか。

1　普通選挙　　2　直接選挙　　3　自由選挙　　4　平等選挙
5　秘密選挙

（平成30年度　問題6）

ア　5「秘密選挙」が憲法上議論となり得る
　家族や友人とお茶の間で話し合いながら同じ端末から投票すると、誰が誰に投票したかが判明してしまうため、秘密選挙が憲法上議論となり得る。

イ　3「自由選挙」が憲法上議論となり得る
　3回続けて棄権した有権者には罰則を科すようにすることは、棄権しても罰金などの制裁を受けないとする自由選挙が憲法上議論となり得る。

学習計画とスケジュール管理

学習を継続するには、学習方針の決定やスケジュールの管理が重要です。伊藤塾で推奨している学習進度表や達成度チェック表、得点計画表を活用して、効率よく計画的に学習を進めていきましょう。

学習進度表

学習を始める前に、学習モデルプラン（P24）を参考に「学習予定日」を記入しましょう。そして、実際に学習をして、学習が終わった科目の各 Chapter から「学習日」を記入し、「学習進度」を塗りつぶしていきましょう。学習の進み具合が一目で確認でき、スケジュールの管理やモチベーションの維持に役立ちます。
なお、学習モデルプランと自分が学習を開始する時期が異なっていても心配する必要はありません。このモデルプランは、どのように学習を進めればよいか、各段階で何を意識して学習すればよいかを参考にするものです。本試験日から逆算して自分に適した学習予定日を考えてみましょう。

⌒ 学習進度表

		学習予定日	学習日	学習進度	
『うかる！行政書士 入門ゼミ』を購入					Chapterひとつひとつが終わったら塗りつぶそう！
ガイダンス		／	／		いいぞ！その調子♪
憲　法	Chapter 1	／	／		◀
	Chapter 2	／	／		
	Chapter 3	／	／		
民　法	Chapter 1	／	／		
	Chapter 2	／	／		
商　法	Chapter 1	／	／		やった〜!!あと半分までできた!!
	Chapter 2	／	／		
行政法	Chapter 1	／	／	50%	◀
	Chapter 2	／	／		
	Chapter 3	／	／		
	Chapter 4	／	／		もう一息！ラストスパートだ!!
	Chapter 5	／	／		
	Chapter 6	／	／		◀
基礎法学	Chapter 1	／	／		
基礎知識	Chapter 1	／	／		
	Chapter 2	／	／		よく頑張ったね！これで入門マスター!!
	Chapter 3	／	／		
	Chapter 4	／	／	100%	◀

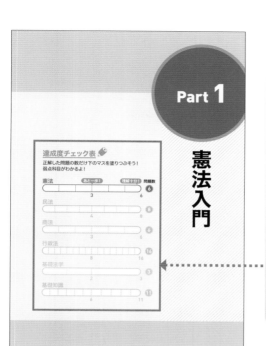

Part 1

憲法入門

達成度チェック表

各科目の学習を一通り終えたら、達成度チェックの問題がどれだけ正解できたかを確認し、各科目の扉ページにある表のマスに正解数を塗りつぶしましょう。
この表には目安となる正解数を記載しているので、自分の正解数と照らし合わせることで得意科目・不得意科目が一目でわかります。復習の際は、表があまり塗れなかった不得意科目を中心に学習してみてください。
こうすることによって、効率よく不得意科目を補強することができます。

得点計画表

ガイダンスの得点戦略(P19)を参考にしつつ、本試験での目標得点を書き込んでみましょう。学習の方針を決め、バランスよく学習を進めるのに役立ちます。

◯ 得点計画表

記述式	/ 60点
択一式	/240点
合 計	/300点

〈択一式出題形式の内訳〉

5肢択一式

	基礎法学	/ 2問
法令等	憲 法	/ 5問
	行政法(地方自治法を含む)	/19問
	民 法	/ 9問
	商 法(会社法を含む)	/ 5問
	小 計	/40問
基礎知識	諸法令	
	一般知識	/全14問
	情報通信・個人情報保護	
	文章理解	
	小 計	/14問
	合 計	/54問

多肢選択式	/ 3問

※ 5肢択一式は1問4点、多肢選択式は1問8点(空欄1つにつき2点)、記述式は1問20点(ただし部分点あり)

もっと**合格力**をつけたい人のための
学習ガイド

1 ▶ 合格に役立つ講義を聴いてみよう!

▶ YouTube 伊藤塾チャンネル

科目別の学習テクニックや重要な論点の解説、本試験の出題ポイントなど、定期的に伊藤塾講師陣が合格に役立つ講義を配信しています。また、伊藤塾出身の合格者や行政書士実務家のインタビューを多数掲載していますので、受験期間中のモチベーションアップやその維持にもお役立ていただけます。知識補充、理解力の向上、モチベーションコントロールのために、どうぞ有効活用してください。

▶ 2024(令和6)年度
行政書士試験改正に対応

令和6年度試験より、従来の一般知識等科目が基礎知識科目へ変更され、出題内容が見直されることになりました。

伊藤塾ではこの試験改正についてもいち早く対応し、最新の情報を随時動画などで公開します。

今すぐチェック ▶▶▶

2 合格に役立つ情報を手に入れよう!

➤ 伊藤塾行政書士試験科 公式メールマガジン「かなえ〜る」

　全国の行政書士試験受験生の夢を"かなえる"ために"エール"を贈る。それが、メールマガジン「かなえ〜る」です。

　毎回、伊藤塾講師陣が、合格に役立つ学習テクニックや弱点克服法、問題の解き方から科目別対策、勉強のやり方まで、持てるノウハウを出し惜しみせずお届けしています。

　合格者や受験生から大変好評をいただいているメールマガジンです。登録は無料です。どうぞ、この機会にご登録ください。

随時配信

今すぐチェック ▶▶▶

➤ X(旧Twitter)

　X(旧Twitter)でも、学習に役立つ内容から試験情報、イベント情報など、役立つ情報を随時発信しています。本書で学習を開始したら、ぜひフォローしてください!

今すぐチェック ▶▶▶

➤ note

　noteにも行政書士試験の有益な情報をアップしています。随時新しい情報を更新していますので、活用してください!

今すぐチェック ▶▶▶

➤ Instagram

　Instagramでは、講師の普段見られない素顔や試験の各種情報を、動画をメインにお届けしています。

今すぐチェック ▶▶▶

3 ▶ 行政書士試験対策の無料イベントを体験してみよう！

➤ 無料公開講座等

伊藤塾では、その時期に応じたガイダンスや公開講座等を、YouTube Live等で随時開催し、行政書士受験生の学習をサポートしています。最新情報を手に入れて、学習に弾みをつけましょう！

2023年実施の無料公開イベントの一例	
随時	オンライン質問会
9月	行政書士試験突破！ 必勝講義
11月	行政書士本試験速報会、分析会
随時	明日の行政書士講座 （活躍中の実務家による"行政書士の今"を伝える講演会）

今すぐチェック ▶▶▶

4 ▶ あなたに合った合格プランを相談しよう！

➤ 講師カウンセリング制度

伊藤塾は、良質な講義に加えて、一人ひとりの学習進度に合わせて行う個別指導を大切にしています。

その1つとして、講師によるカウンセリング制度があります。あなたの学習環境や可処分時間に合わせて具体的で明確な解決方法を提案しています。

受講生以外（※）でもご利用いただけますので、勉強方法などお悩みのときはお気軽にご活用ください。

※受講生以外の方のご利用は1回となります。

今すぐチェック ▶▶▶

伊藤塾Webサイトをチェック
https://www.itojuku.co.jp/

伊藤塾 行政書士	🔍 検索

Part 1

憲法入門

達成度チェック表

正解した問題の数だけ下のマスを塗りつぶそう！
弱点科目がわかるよ！

憲法 あと一歩！ 理解十分！ 問題数 **6**
3 6

民法 **8**
4 8

商法 **6**
3 6

行政法 **16**
8 16

基礎法学 **3**
2 3

基礎知識 **11**
6 11

憲法とは何か

　新聞やニュースで「憲法」という言葉を見聞きすることはあっても、憲法についてきちんと理解している人は少ないように思います。

　日本国憲法は、たった103条と短いのですが、行政書士試験を受ける人にとっては、とても大事な法です。

　このChapterで学ぶ内容が、そのまま出題されることは少ないのですが、ここを押さえておかないと、その後の学習に大きく影響します。

達成度チェック　正解した問題No.を塗りつぶそう　Chapter 1　問題1　問題2　問題3

▶総合テキスト Chapter 1 憲法総論 **1**

1 ┃ 憲法とは何か

重要度
C

1 自由の基礎法

　憲法で一番大事なポイントは、私たち一人ひとり（＝個人）の自由を保障するためにつくられたことです。「なーんだ。そんなの当たり前」と思った人も、

まずは、個人の自由を大事にする（＝人権規範）という点を頭に入れてください。

古代ローマや中世ヨーロッパの憲法と、近代の憲法である日本国憲法の違いは、ここにあります。

憲法がいろいろな国家機関とその役割を定めている（＝統治機構）のは、国家権力によって私たち個人への権利侵害が行われないようにするためです。

国家権力が1つの国家機関に集中すると、権力が濫用され、国民の権利や自由が侵されるおそれがあります。そこで、国家の諸作用（立法、行政、司法）を異なる機関に分担させて（統治機構）、権力の濫用を抑えることによって、個人の人権を守っているのです。

「個人の尊厳」は、憲法の中で具体化されています。この図のイメージを覚えておきましょう

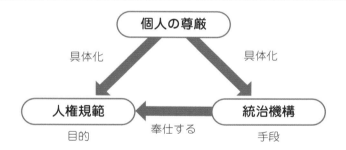

2 国家権力を制限する基礎法

私たち一人ひとり（＝個人）の自由を保障するためには、自由を脅かすものをなくさなければなりません。それでは、個人の自由を侵害するものには、何があるでしょうか。

その主たるものは、中世であれば国王、現代であれば大統領や総理大臣などの、その時々の国家権力です。これは歴史を見れば明らかです。そのために憲法は、自由を侵害する可能性のある国家権力を制限しているのです。

つまり憲法は、国民の自由を保障する法であるのと同時に、国家権力を制限する法なのです。これを制限規範と呼びます。

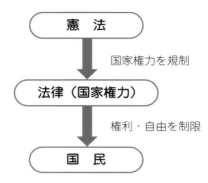

制限規範としての憲法は、国家権力から国民の権利と自由を守っています

憲　法

↓ 国家権力を規制

法律（国家権力）

↓ 権利・自由を制限

国　民

3 一番強い法（＝最高規範）

　憲法は、日本の法の中で一番強い効力を持っています（98条1項）。確かに憲法は強そうですが、一番強いというのは具体的には、どういうことでしょうか。これを理解するには、形式的な意味と実質的な意味の2つの点から見る必要があります。

　まず形式的に一番強いことを表しているのは、憲法改正の手続です。憲法を改正するためには、通常の法律改正よりも難しい手続が必要（硬性憲法）だということです（96条）。

　もう1つ。憲法が、日本で一番強い法であることの実質的な意味は、憲法の中で、「人間の権利と自由は絶対に侵してはならない」と保障している内容そのものです（97条参照）。

　この2つの関係は、実質的な最高規範性が形式的最高規範性の基礎となって、憲法が一番強い法であることを、真に支えているという関係です。

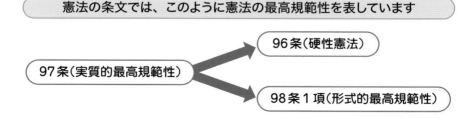

憲法の条文では、このように憲法の最高規範性を表しています

97条（実質的最高規範性）

96条（硬性憲法）

98条1項（形式的最高規範性）

達成度チェック

 Date / Date / Date /

問題1 **憲法に関して、次の記述のうち誤っているものはどれか？**
①国民の権利・自由を制限する働きをする。
②国家権力を制限する法である。
③最高規範性を有している。

正解はP43

▶総合テキスト Chapter 1 憲法総論 3

2 日本国憲法の基本原理

重要度 **B**

　日本国憲法は、国民主権、基本的人権の尊重、平和主義の３つを基本原理としています（前文１段、２段）。この３つの言葉だけは、ぜひ覚えておいてください。この３つは、それぞれお互いに関連しています。このことを“不可分”といいます。

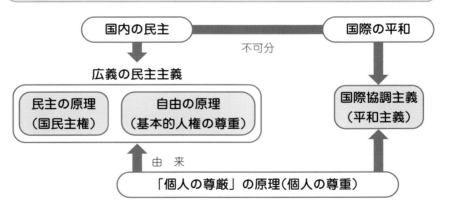

３つの基本原理は、共通の理念によって不可分につながっています

国内の民主 —— 不可分 —— 国際の平和

広義の民主主義

民主の原理（国民主権）　自由の原理（基本的人権の尊重）

国際協調主義（平和主義）

由来

「個人の尊厳」の原理（個人の尊重）

今の段階では、上の図を完全に理解するのは難しいので、イメージだけ覚えておいてください。ここは学習が進んだら少しずつ理解すれば大丈夫です！

▶総合テキスト Chapter 1 憲法総論 ❶

3 ┃ 憲法に縛られるのは誰か

重要度
C

CASE 1

　田中さんは、焼鳥店を開業したいと計画しており、店の場所を探しています。いろいろ見て回るうちに、友達の鈴木さんが持っているビルの1階にある空き店舗が最適だと考え、それを本人に告げたところ、鈴木さんに、「焼鳥は、臭いや煙がすごいし、油で室内が汚れるから貸したくない」と言われてしまいました。そのため田中さんの計画は頓挫しています。

　鈴木さんが店舗を貸さなかったことは、田中さんの職業選択の自由（憲法22条1項）を侵害し、憲法違反なのでしょうか。

　多くの法律は、私たち国民に対して「これを守りなさい」と命令します。例えば民法なら、ものを買ったり売ったりする場合など生活の一般的なルールを定めています。

　では、民法731条の条文を見てみましょう。

民法第731条

婚姻は、18歳にならなければ、することができない。

　民法改正により、2022年4月から、成年年齢が20歳から18歳に引き下げられる（民法4条）とともに、従来、男性が18歳、女性が16歳とされていた婚姻開始年齢について、男性・女性ともに18歳とされました。

　この条文により、婚姻は、18歳＝成年にならなければ、本人たちや家族がどんなに望んだとしても、することができません。これらは、国民が守るべき法なのです。

　これに対して、憲法は、立法権(りっぽうけん)や行政権(ぎょうせいけん)や司法権(しほうけん)(これらについては、後で詳しく勉強します。ここでは言葉だけ覚えておきましょう)といった国家権力に対して、「これを守りなさい」と命令するもので、国家権力が守るべき法なのです。

憲法第99条

天皇又は摂政及び国務大臣、国会議員、裁判官その他の公務員は、この憲法を尊重し擁護する義務を負ふ。

　日本国憲法99条には、大臣や国会議員や裁判官に対して、「憲法を尊重しなさい」という義務が定められています。ここで注意したいのは、この条文が私たち国民に対しては、この義務を課していないことです。ですから、**憲法99条は、国民にではなく、国家権力の担い手に「憲法を尊重し擁護(ようご)しなさい」と命令している**のです。

　つまり、憲法が対象としているのは、国家権力だけなのです。ですから国家権力ではない鈴木さんが、憲法に違反するということは、原則としてありません。

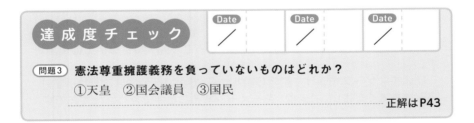

達成度チェック

Date　／　　Date　／　　Date　／

問題3　**憲法尊重擁護義務を負っていないものはどれか？**
　　　①天皇　②国会議員　③国民

正解はP43

達成度チェック　**解答**

問題1…①、　問題2…③、　問題3…③

基本的人権

イントロダクション

個人　　　個人　　　個人　　　個人　　　個人

　ここでは、まず日本国憲法の全103条の中で、最も重要な13条を学びます。

　ここに書かれているのは、「個人の尊重」です。つまり、13条は、すべての人が個人として平等に尊重されるという基本的人権についての規定です。

　具体的なケースを挙げて説明しますから、細かい部分にはこだわらずに、読み進めてください。“人権”をイメージすることができれば大丈夫です。

達 成 度 チ ェ ッ ク 　正解した問題No.を塗りつぶそう　Chapter 2　問題1　問題2

▶ 総合テキスト Chapter 2 人権総論 **2**

1 ｜ 基本的人権の原理

重要度
C

　日本国憲法は、“基本的人権を尊重する”ことを基本原理としています。では基本的な人権とは、いったい何でしょうか。

ここは大事ですよ。それほど難しくないので、しっかりと理解しておきましょう。

憲法第13条

すべて国民は、個人として尊重される。生命、自由及び幸福追求に対する国民の権利については、公共の福祉に反しない限り、立法その他の国政の上で、最大の尊重を必要とする。

1 基本的人権とは何か

基本的人権とは、憲法の存在と関係なく、私たちが当然に持っている権利です。

この権利の目的は、私たち一人ひとりが人間らしく生活することで、これを個人の尊厳といいます。憲法では、それらの権利をあらためて法的な権利として認めているのです。

2 人権の分類

人権には、様々な種類があります。一般的には以下のように分類されます。

ここでは、人権を大まかな分類でとらえておきましょう	
自 由 権	国家が個人の領域に対し権力的に介入することを排除して、個人の自由な意思決定と活動とを保障する権利
参 政 権	国民の国政に参加する権利
社 会 権	社会的・経済的弱者が人間に値する生活を営むことができるよう、国家の積極的配慮を求めることのできる権利
受 益 権	国に対して一定の作為を要求する権利

人権の分類は絶対的なものではありません。例えば、表現の自由から導き出される知る権利は、自由権としての性格（知ることを妨げられない権利）のほかに、社会権的な性格（国に対して情報の公開を積極的に請求する権利）を持ち合わせています。

達成度チェック

Date / Date / Date /

問題1 原則として、国に対して一定の作為を要求する権利を何というか？
①受益権 ②参政権 ③自由権

正解はP61

2 ｜ 基本的人権の限界

重要度
A

　日本国憲法では、国や公務員などの公権力（こうけんりょく）によって、基本的人権が侵されないことを定めています（人権の不可侵性　11条、97条）。ところが、なんと、この基本的人権は100パーセント制限されないわけではないのです。

　基本的人権が大事だからこそ、その制限も重要です。では、いったいどんな場合に、これほど大事な基本的人権が制限されるのでしょうか。

　ポイントは、他人が持っている基本的人権との関係にあります。では見てみましょう。

1 公共の福祉とは

　日本国憲法は、公共の福祉（こうきょう ふくし）によって、基本的人権が制限を受けることを定めています（12条、13条、22条、29条）。

　いったん、皆のためとか公益のためと言い出すと、全体のためだったら個人を犠牲にしても仕方がないと簡単に認められるようになってしまいます。

　これでは基本的人権を保障した意味がなくなってしまうので、皆のためというような曖昧な意味ではなく、私たち個人が持つ人権どうしがぶつかった場合にそれを調整する意味で、「公共の福祉」を考えてください。

ここでは、**国家権力によって人権が侵害されることは許されません**が、そうはいっても**人権の保障が無制限に認められるわけではない**ということを理解しておきましょう。

> 人は社会を形成して生きている以上、他人との関係でがまんをしなくてはならないときも出てきます。このがまんを「公共の福祉」という言葉で表現するんだとイメージしておけばよいでしょう。

公共の福祉のイメージを、図のように覚えておきましょう

人権　ex.報道の自由　→　衝突　←　人権　ex.名誉権

調整が必要

↓

公共の福祉

▶ 総合テキスト Chapter 3 包括的基本権と法の下の平等

3 包括的基本権・法の下の平等

重要度 **B**

1 生命・自由・幸福追求権

CASE 1

　Aさんがデモ行進に参加していたところ、このデモ行進を視察していた警察官Bは、デモ参加者を把握するためにAさんの顔を写真撮影しました。

　日本国憲法の14条から40条までは、人権について詳しく規定しています。しかし、たとえ憲法に書かれていなくても、憲法ができた後に、社会が変化したことによって新しく出てきた権利や自由も、同じように憲法で保障されるのです。こうした権利には、例えば、プライバシー権、自己決定権（じこけっていけん）、肖像権（しょうぞうけん）など

があります。

「憲法に書かれてないのに、なんで保障されるの？」と不思議に思うかもしれませんが、この根拠となるのが、個人尊重の原理に基づく幸福追求権（13条）なのです。では、ここで、もう一度13条を読んでみてください。

CASE 1では、Aさんがみだりにその容ぼう・姿態を撮影されない自由を持っているかどうかが問題になりますが、このような自由は一般に肖像権と呼ばれ、13条の幸福追求権を根拠として憲法で保障されています。

2 法の下の平等

CASE 2

20歳未満の者の飲酒や喫煙は法律で禁止されていますが、20歳以上の者に飲酒・喫煙を認めている以上、20歳未満の者にもこれらを認めなければ、平等原則に反するのではないでしょうか。

日本国憲法14条1項では、法の下の平等を定めています。

ここでは、法の下の平等の意味を理解することが重要です。まずは法の下という文言についてですが、これは法が平等に適用されるだけでなく、法の内容についても平等でなければならないことを含みます。なぜなら、内容が不平等な法律を平等に適用しても、平等の保障は実現されないからです。

次に平等という文言ですが、これは絶対的平等ではなく、相対的平等を意味します。相対的平等とは、私たちが持っている事実上の違いをちゃんと見て、等しいものは等しく、等しくないものは等しくなく取り扱うということです。事実上の差異を無視して機械的に平等な取扱いを行う（これが絶対的平等です）と、かえって不平等な結果を招くおそれがあるため、相対的平等を採用しているのです。

したがって、社会通念（社会一般に受け容れられ、通用している常識）から見て合理的な区別である場合には、そのような区別は不平等とはいえず、憲法14条に違反するとはいえません。

CASE 2では、20歳未満の者に対して飲酒を禁止することは、20歳未満の者の健康的な成長のために必要なことであり、社会通念から見て合理的な区別であるといえるため、平等原則に反しないのです。

憲法14条1項に反するものとして、例えば、同じ年収500万円のサラリーマンAさんとBさんに対して、Aさんには100万円、Bさんには50万円の税金を課すようなことは許されません。なぜなら、法の下の平等に反し、等しいものを等しく扱っていないからです。

▶ 総合テキスト Chapter 4 精神的自由①、Chapter 5 精神的自由②

4 ┆ 精神的自由権

重要度
A

1 思想・良心の自由

日本国憲法 19 条は、思想・良心の自由を保障しています。

憲法第19条

> 思想及び良心の自由は、これを侵してはならない。

　思想・良心の自由とは、私たちが、どんな国家観や世界観、人生観を持っていようと、それを心の中で思っている限りは絶対的に自由だということです。
　そして、私たちが内心で持っている思想を、国家が言えと強制することも許されません。つまり、思想については、沈黙の自由もまた保障されているのです。この2つは、思想・良心の自由の保障の内容として重要です。

内心に留まる限りは、他者の人権と衝突しないので絶対無制約です。

2 信教の自由

> ### CASE 3
>
> A寺院には、文化財として極めて貴重な仏像が保管されていました。そこで、その仏像の維持・保存のため、国は、A寺院の母体であるX宗教団体に対し助成措置を講じました。

日本国憲法20条は、信教の自由と政教分離の原則を定めています。

憲法第20条

1 信教の自由は、何人に対してもこれを保障する。いかなる宗教団体も、国から特権を受け、又は政治上の権力を行使してはならない。
2 何人も、宗教上の行為、祝典、儀式又は行事に参加することを強制されない。
3 国及びその機関は、宗教教育その他いかなる宗教的活動もしてはならない。

1 信教の自由の内容

日本国憲法20条1項が保障する信教の自由には、信仰の自由、宗教的行為の自由、宗教的結社の自由が含まれます。

信教の自由は、具体的には、以下のような自由を保障しています

信仰の自由	宗教を信仰し又は信仰しないこと、信仰する宗教を選択し又は変更すること、について個人が任意に決定する自由。これは、個人の内心における自由であり、絶対不可侵
宗教的行為の自由	宗教上の祝典、儀式、行事その他布教などを任意に行う自由
宗教的結社の自由	特定の宗教を宣伝し、又は共同で宗教的行為を行うことを目的とする団体を結成する自由

2 政教分離の原則

毎年夏になると、首相や閣僚の靖国神社参拝が問題になっていますが、それはこの政教分離の原則の問題なのです。

　日本国憲法20条1項後段と同条3項は、国家の宗教的中立性（こっか しゅうきょうてきちゅうりつせい）を定めています。これは国家と宗教とが癒着すると、少数者の信教の自由を侵害するおそれがあるからです。

　とはいっても、国家と宗教とのかかわりを一切なくすことはできません。具体的には、宗教団体が経営する私立学校にも、他の私立学校と同じように補助金を交付する必要があるでしょう。

そのほかにも、公立の学校にクリスマスツリーを飾ってはいけないというのは、行き過ぎだとわかりますよね。

　CASE 3 では、国が、特定のX宗教団体に対して助成措置という便宜を図っている点で、政教分離の原則に反するとも考えられます。しかし、文化財の保護を目的としている限り、国家と宗教の関係は、政教分離の原則に反しない程度だと考えられます。

3 学問の自由

　日本国憲法23条では、学問の自由（がくもん じゆう）を保障しています。

憲法第23条

学問の自由は、これを保障する。

　学問の自由には、学問研究の自由（がくもんけんきゅう じゆう）、研究成果発表の自由（けんきゅうせいかはっぴょう じゆう）、教授の自由（きょうじゅ じゆう）の3つがあります。

　また、学問の自由には、**大学の自治が保障される**ことを含むので、覚えておきましょう。

大学の自治とは、大学の内部行政に関しては大学の自主的な決定に任せ、権力が干渉することを排除しようとするものです。大学とは、まさに学問をする場所です。この内部の問題に外からの干渉を許したら、私たち一人ひとりの学問の自由が脅かされてしまうため、大学の自治が保障されているのです。

　大学の自治の内容として、教授などの人事や施設の管理について外から干渉されないことをイメージしてください。

4 表現の自由

CASE 4

　政府は、個人のプライバシーを保護するため、新聞や雑誌などを発行する前に都道府県公安委員会が記事を審査して、個人のプライバシーと認められる情報を含んでいて公表が不適当と考えられるものについては、発行を禁じる制度を設けました。

1 表現の自由の基本

　私たちが考えたり信じている思想や信仰は、その人が表現して他の誰かに伝達されてはじめて、社会的な効果を発揮します。

　そこで、思想や信仰などを外部に表明する権利が表現の自由（21条）として保障されています。これは、とても重要な権利です。

憲法第21条

　1　集会、結社及び言論、出版その他一切の表現の自由は、これを保障する。
　2　検閲は、これをしてはならない。通信の秘密は、これを侵してはならない。

2 知る権利

表現の自由には、思想や情報を発表して伝達するというほかに、もう1つ大きな意味があります。

自分の思っていることを誰かに伝えるには、いろいろな情報を知ることが必要になります。このために、伝達する自由以外に、「自由にニュースを知りたい」「好きな新聞や雑誌を選んで読みたい」というような情報の受け手から見た自由、すなわち**自由に知る権利が、表現の自由には含まれる**のです。

> マスコミが発達した現代においては、情報を発信する側と受け手の側が分離しました。そこで、発信者側だけでなく、受け手の側から表現の自由を考える必要ができ、「知る権利」という概念が生まれました。

3 事前抑制の禁止

国や警察などが、こうした表現行為の内容を事前に審査し規制することは、原則として許されません。これを事前抑制の禁止といいます。

表現を事前に規制すると、表現行為を萎縮させてしまうなど、表現の自由を脅かすことになるからです。

憲法21条は、この事前抑制を禁止しています。特に、行政権が主体となって、表現行為の内容を事前に審査して発表を禁じる検閲については、同条2項によって絶対的に禁止されています。

CASE 4 では、公安委員会という行政権が発行物の表現内容を事前に審査した結果、これを不適当なものとして発表を禁じています。これは検閲にあたりますから、このような制度は憲法に違反し、許されません。

達成度チェック

Date	Date	Date
/	/	/

問題2 **憲法上、明文で保障されていないものはどれか？**
①喫煙の自由　②表現の自由　③学問の自由

正解は**P61**

5 ┊ 経済的自由権

重要度
A

1 職業選択の自由、営業の自由

> **CASE 5**
>
> 　国会は、薬局の乱立が不良医薬品の供給を招かないよう、既存の薬局から500メートル以内の場所に新規の薬局を開業することを禁止する法律を制定しました。

　日本国憲法22条１項では、私たちがどんな職業を選んでも自由であるとしています(職業選択の自由)。また、選ぶだけでなく、実際にその職業を行うことができる自由(営業の自由)をも同項によって保障しています。

> **憲法第22条1項**
>
> 何人も、公共の福祉に反しない限り、居住、移転及び職業選択の自由を有する。

　この職業に関する自由は、経済的自由というグループに属しますが、前に勉強した表現の自由などの精神的自由に比べると、**より強い規制**を受けることがあります。

　なぜなら、例えば、不正を働く政府に対して批判的な報道はできないような(表現の自由に対する)制限が課せられると、国民が正確な情報を知ることができず、選挙において政治を正すことができなくなってしまいます。したがって、裁判所が表現の自由を規制する立法を厳格に審査し、積極的に介入することが必要となるからです。

　また、経済的自由に対する規制には法的な知識のみならず、社会的、経済的な専門知識が要求されるのに対して、表現の自由は、経済的自由と比べると政治的見地による政策的判断が要らず、裁判所に憲法判断をする能力と適格があることもその理由として挙げることができます。

　そしてさらに経済的自由は、その規制目的に応じて２つの異なる審査基準が考えられています。

　それは、①公共の安全や秩序維持のための規制(国民の生命や健康に対する

危険を防ぐための規制＝消極目的規制）、②福祉を実現するための規制（社会的・経済的弱者を保護しながら経済の発展を進めるための規制＝積極目的規制）です。

> 経済的自由権の違憲審査基準には、消極目的規制と積極目的規制があります

消極目的規制	**厳格な合理性**の基準（裁判所が規制の必要性、合理性及び同じ目的を達成できる、より緩やかな規制手段の有無を、立法事実に基づいて審査します）
積極目的規制	**明白の原則**（立法府の広い裁量を認め、当該規制措置が著しく不合理であることの明白である場合に限って違憲とします）

精神的自由に対する規制と経済的自由に対する規制を、異なる基準で憲法に反するかどうか判断することを「二重の基準」といいます。

CASE 5 の法律は、不良医薬品を販売することによって国民の生命や健康が危険にさらされないように、薬局の開設に距離の制限を設けています。これは薬局を経営するという営業の自由を制限するものですから、ここでは、この距離制限が合憲（憲法に合っていること）かどうかが問題となります。

さて結論ですが、判例の考え方によると、この距離制限は、生命・健康への危険防止という目的を達成するために必要なものとは認められません。つまり、この法律による規制は、営業の自由を侵害し、違憲です。

2 居住・移転の自由

先ほどの日本国憲法22条1項は、居住・移転の自由も保障しています。これは、どこに住むのも自由であるし、そこから別な場所に引越しをするのも自由だということです。そして、ここには旅行の自由も含まれます。

居住・移転の自由は、経済が発展するための基礎となる条件なので、経済的自由の1つとされてきました。しかし現代では、情報を得るなど広く知的な接触の機会を得るために必要なものとして、精神的自由の要素をもあわせ持つと

されています。

広い範囲にわたって商売をしたいと考えても、居住・移転を自由にできなければ、このように商売をすることはできませんよね。ですから、居住・移転の自由は経済的自由としての性質を有するのです。

3 財産権

　自分のお金を自由に使うという財産権（ざいさんけん）は、かつては侵すことのできない大事な人権と考えられていました。日本国憲法29条1項でも、私たち個人が持っている具体的な財産上の権利を保障しています。しかしながら一方で、同条2項によって、その財産権は法律によって制限されるとしています。

　同条3項でも、**私有財産を公共のために収用したり制限したりすることが可能**であるとしています。

> **憲法第29条**
>
> 1　財産権は、これを侵してはならない。
> 2　財産権の内容は、公共の福祉に適合するやうに、法律でこれを定める。
> 3　私有財産は、正当な補償の下に、これを公共のために用ひることができる。

　もっとも、このような収用や制限をする場合でも、財産権不可侵の原則をできる限り貫徹すべきですし、また公共のために特定人に加えられる経済上の損失は、国民全体が負担するのが公平です。そのため私有財産を公共のために収用したり制限したりする場合には、正当な補償が必要とされます（29条3項）。

みんなのために、ある特定の人だけがその財産を取り上げられてしまうのは不公平です。そこで、やむを得ない場合には、その人に「正当な補償」をすべきとされているのです。

6 人身の自由

重要度 **A**

　日本国憲法18条は、奴隷的拘束（どれいてきこうそく）からの自由を保障しています。さらに31条から40条では、詳しく人身の自由（じんしんのじゆう）を保障しています。これは、明治憲法の下で、人身の自由に対する過酷な制限が行われたという反省に基づくものです。

　特に31条では、「**法律の定める手続によらなければ**」という前提を挙げて人身の自由の基本原則を定めています。ここでは、①単に手続が法律で定められているだけでなく、②手続が適正であること（告知、聴聞の機会を保障することなど）、③刑法などの実体の法定（罪刑法定主義）、さらには、④実体規定の適正までも含む、とされています。

　具体的にいうと、①では刑事手続が刑事訴訟法などの法律で定められていること、②では告知、聴聞などの手続が適正であること、③実体が刑法などで法定されていること、④その実体規定が適正であることを要求しているのです。ちなみに、告知とは刑罰その他の不利益を科される者に対して、あらかじめその内容を知らせることをいい、聴聞とは当事者に弁解と防御の機会を与えることをいいます。

7 受益権・参政権

重要度 **B**

1 受益権

　受益権（じゅえきけん）は、**私たち国民が国家に対して一定の作為を請求する権利**です。

　日本国憲法では、請願権（16条）、裁判を受ける権利（32条）、国家賠償請求権（17条）、刑事補償請求権（40条）が認められています。

2 参政権

　参政権とは、国民が政治に参加する権利です。日本国憲法の前文（1段）では、

国民に主権があるとし、民主主義を人類普遍の原理として掲げていますが、参政権は、そのために必要不可欠な権利といえます。

参政権のうち最も一般的で重要なものは、**議員を選挙する**選挙権です。

選挙をする上で重要な5つの基本原則を覚えておきましょう

普通選挙	狭い意味では、財力を選挙権の要件としない制度です。また、広い意味では、財力のほかに教育、性別などを選挙権の要件としない制度のことです（15条3項）。
平等選挙	選挙権の価値は平等、すなわち1人1票であることを原則とする制度です。現在は、選挙権の数的平等のみならず、投票の価値的平等の要請をも含むと解されています。
自由選挙	棄権しても罰金などの制裁を受けない制度です。
秘密選挙	誰に投票したかを秘密にする制度です。主に、社会において弱い立場にある者の自由な投票を確保するために採用されている原則です。日本国憲法は、明文で投票の秘密を保障しています（15条4項）。
直接選挙	選挙人が公務員を直接に選挙する制度です。

リンク **基礎知識**

衆議院と参議院の選挙制度の違い

　現在の衆議院及び参議院の選挙制度は、次ページの表のようになっています。衆議院と参議院の選挙制度がどう違うかを比べてみてください。

　両議院ともに、選挙は比例代表制を採用していますが、その中身は異なります。衆議院議員選挙の拘束名簿式比例代表制は、あらかじめ政党自身がつけた名簿順位の上位者から、各党の当選者が決まる方式です。これに対して、参議院議員選挙の非拘束名簿式比例代表制は、各党の候補者には順位をつけず、当選者は各候補者が獲得した票数によって事後的に決まる方式です。

衆議院と参議院では、選挙制度に違いがあります		
	衆議院	参議院
選挙制度	小選挙区比例代表並立制	選挙区・比例代表制
任 期	4年	6年(3年ごとに半数改選)
定 数	小選挙区:289名 比例区:176名	選挙区:148名(※) 比例区:100名
比例代表制	拘束名簿式比例代表制	非拘束名簿式比例代表制
最新の投票率	約55.9%(2021年)	約52.1%(2022年)
議員定数 不均衡訴訟	1:4.99(1976年)違憲 1:4.40(1985年)違憲	1:6.59(1996年)違憲 1:5.00(2012年)違憲

※ 2018年7月の公職選挙法の改正によるもの。

▶総合テキスト Chapter 7 受益権・社会権・参政権**2**

8 社会権

重要度
B

1 生存権

CASE 6

Aさんは、生活に困窮し食べるものにも事欠く状態にあるため、生活保護の申請をしようと考えています。

日本国憲法25条1項は、国民は誰でも人間的な生活を送ることができることを権利として宣言しています。これを生存権といいます。そして、この1項の趣旨を実現するために、2項では国に対して努力義務を課しています。

憲法第25条

1 すべて国民は、健康で文化的な最低限度の生活を営む権利を有する。
2 国は、すべての生活部面について、社会福祉、社会保障及び公衆衛生の向上及び増進に努めなければならない。

実は、生存権の解釈には対立がありますが、一般に、**生存権は、それを具体化する法律があってはじめて権利として保障され、国に対して給付等を請求することができる**とされます。

こう考えるのは、「健康で文化的な最低限度の生活」という言葉が抽象的であるため、日本国憲法25条1項だけを根拠に、国民が国に給付請求をすることは難しいからです。

CASE 6 の場合、Aさんは生存権を具体化する法律である<ruby>生活保護法<rt>せいかつほごほう</rt></ruby>を使って、具体的な保護を申請することができます。生活保護法は、憲法25条の理念に基づいて、国が生活に困窮する国民に対して、その困窮の程度に応じて必要な保護を行うことを目的として制定されたもので、生存権を具体化した立法の代表例です。

2 教育を受ける権利

私たち一人ひとりが人格をもって有意義な社会生活を送るためには、教育が不可欠です。そこで日本国憲法は、<ruby>教育<rt>きょういく</rt></ruby>を<ruby>受<rt>う</rt></ruby>ける<ruby>権利<rt>けんり</rt></ruby>を保障しています（26条）。

憲法第26条

1　すべて国民は、法律の定めるところにより、その能力に応じて、ひとしく教育を受ける権利を有する。
2　すべて国民は、法律の定めるところにより、その保護する子女に普通教育を受けさせる義務を負ふ。義務教育は、これを無償とする。

教育を受ける権利は、**子どもに対する保障が中心**となります。これを子どもの学習権といい、子どもが一人の人間として成長し、自己の人格を完成するために必要な学習をする権利を意味します。

3 勤労の権利、労働基本権

19世紀に資本主義が発達する過程では、労働者が失業や劣悪な労働条件に苦しめられる歴史がありました。そこで、労働者の生活を保障して労働運動を

認める法がつくられました。このような経緯を踏まえて、日本国憲法は、勤労の権利（27条）と労働基本権（28条）を保障しています。

憲法第27条

1　すべて国民は、勤労の権利を有し、義務を負ふ。
2　賃金、就業時間、休息その他の勤労条件に関する基準は、法律でこれを定める。
3　児童は、これを酷使してはならない。

憲法第28条

勤労者の団結する権利及び団体交渉その他の団体行動をする権利は、これを保障する。

労働基本権（団結権、団体交渉権、団体行動権）は、**労働者と使用者の立場を対等にすることを目的**としています。なぜなら、契約自由の原則のもとでは、使用者に対して、労働者はどうしても不利な立場に追いやられることが多く、使用者によって搾取されるおそれが高いからです。

労働基本権には、次の3つの性格があります

社会権としての側面	国に対し労働基本権を保障する措置を要求し、国にその施策を実施すべき義務を負わせます。
自由権としての側面	労働基本権を制限するような立法その他の国家行為を禁止します（労働組合法1条2項の刑事免責など）。
使用者に対する民事上の権利としての側面	私人間において直接適用され、使用者と労働者の関係において、労働者の権利を保護します（労働組合法8条の民事免責など）。

達 成 度 チ ェ ッ ク　解答

問題1…①、　問題2…①

人権保障

国会　　内閣　　裁判所

　ここでは、国を治める仕組み(=統治)を学びます。

　試験で統治が出るときには、似たような規定の違いが問われるので、比較表を作って整理すると覚えやすいですよ。また、統治は条文中心なので、数字をしっかりと押さえるのがコツです。

　Chapter 2で説明したように、日本国憲法は個人の尊厳を最高の価値として、人権を厚く保障しています。ですから、統治は、この人権を守るためのシステムでもあります。

　それでは説明を始めます!

達 成 度 チ ェ ッ ク　　正解した問題No.を塗りつぶそう　　Chapter 3　　問題1

▶総合テキスト Chapter 8 国会

1 権力分立の原理

重要度 **B**

　権 力 分立という言葉を聞いたことがありますか。これは国が行うものを、その性格に応じて立法、行政、司法という3つに分けて、それぞれを別々の組

織が行うようにして、**バランスをとる仕組み**のことです。もし全部を1つの組織（＝機関）がやるとなると、権力を使って勝手なことをする可能性があります。国民の権利と自由を守るためには、こういう危険こそ避けなければなりません。

　具体的には、日本国憲法41条、65条、76条1項で、この権力分立が定められています。

> 立法・行政・司法について、3つの関係とバランスを見てみましょう

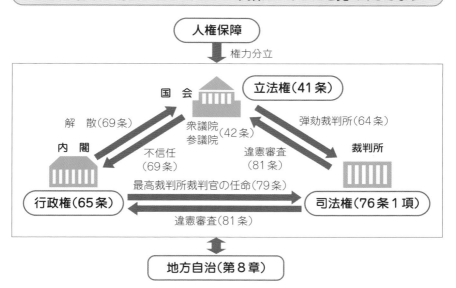

　現実には、行政（＝内閣）が非常に強くなっているので、権力分立のバランスのあり方が大きく変わっています。それでもなお、人権の確保という権力分立の最大の目的を実現するためには、国家権力が大きくなりすぎないことが重要です。

▶総合テキスト Chapter 8 国会❶❷❹

2 ｜ 国　会

重要度
A

CASE 1

　「最近の政党は信用ならん！」と、国会議員でないAさんはじめ10人の仲間たちは、自分たちで法律をつくりたいと考えました。

1 国会の地位・役割

　国会は、衆議院議員総選挙や参議院議員通常選挙など、選挙で国民に選ばれた議員で組織される国民の代表機関です(43条1項)。そのため、国権の最高機関とされ、国の唯一の立法機関とされています(41条)。

　ですから、CASE 1のＡさんたちは国会議員でないため、自分たちで法律をつくることはできません。法律は国民より選ばれた国会議員が様々な法律案を審議し、国会で制定されるものなのです。

憲法第41条

国会は、国権の最高機関であつて、国の唯一の立法機関である。

　国会は、国民の意思を政治に反映し(民意の反映)、国会で審議したり討論したりすることで国民の意思を統合して、国としての意思を決定する(民意の統合)重要な役割を持っています。

2 国会の組織

1 二院制

　国会には、衆議院と参議院があります(42条)。

憲法第42条

国会は、衆議院及び参議院の両議院でこれを構成する。

　本来、国民の意思を代表する機関は1つで足りるはずです。では、なぜ衆議院と参議院という二院制がとられているのでしょうか。

　その理由は、①軽率な行為や間違いを避けるため、②民意をより忠実に反映させるため、とされています。

　少し補足しましょう。

　①は、衆議院の軽率な行為を参議院がチェックして正すということです。そして、②は、衆議院と参議院では選挙区や任期が異なるため、多様な民意の反映が可能だということです。

② 衆議院の優越

二院を対等にすると、意見が対立した場合に、いつまでも法律などをつくることができなくなってしまいます。そこで衆議院に優越を認めました。

衆議院は、参議院に対して優越が認められています

権限事項での優越	議決での優越
①予算先議権（60条1項） ②内閣不信任決議権（69条）	①法律案の議決（59条） ②予算の議決（60条） ③条約の承認（61条） ④内閣総理大臣の指名（67条）

　衆議院に優越が認められるのは、衆議院は参議院に比べて任期が短く（45条、46条）、さらに解散制度があるために、選挙を通じてより忠実に民意が反映されるからです。

③ 国会の権能

　国会は、唯一の立法機関で（41条）、法律の制定や改廃を決めます（59条）。

憲法第59条

1　法律案は、この憲法に特別の定のある場合を除いては、両議院で可決したとき法律となる。
2　衆議院で可決し、参議院でこれと異なつた議決をした法律案は、衆議院で出席議員の3分の2以上の多数で再び可決したときは、法律となる。
3　前項の規定は、法律の定めるところにより、衆議院が、両議院の協議会を開くことを求めることを妨げない。
4　参議院が、衆議院の可決した法律案を受け取つた後、国会休会中の期間を除いて60日以内に、議決しないときは、衆議院は、参議院がそ

の法律案を否決したものとみなすことができる。

　さらに国会には、条約の承認権があります（73条3号）。他の国との間に結ぶ条約は、大きく国民の利害にかかわるので、国民の代表機関である国会が、承認の可否を判断するのです。

憲法第73条3号

条約を締結すること。但し、事前に、時宜によつては事後に、国会の承認を経ることを必要とする。

　国会は、予算の議決権（86条）や、財政に関する議決や監督の権限も持っています（83条以下）。
　国家歳入の基礎は税金です。歳出とは、税金の使い途のことですが、国家の財政状態は国民の生活に大きく影響するので、国会を通じて民主的にコントロールすることが必要になるのです。

このほかにも、内閣総理大臣の指名権（67条1項）、裁判官の弾劾裁判所の設置権（64条1項）、憲法改正発議権（96条1項前段）などがありますが、細かいところはより詳しい学習で覚えましょう。

用語 **ちょっと解説** **弾劾裁判所**

　　両議院の議員で構成された訴追委員会から罷免の訴追を受けた裁判官を裁判するために、同じく両議院の議員によって構成される裁判所。

達成度チェック

Date ／　　Date ／　　Date ／

（問題1）　衆議院に優越が認められていないものはどれか？
　　　　　①予算案の先議権　②条約の承認　③違憲立法審査権

　　　　　　　　　　　　　　　　　　　　　　　　　　正解はP71

3 ：内 閣

重要度 **B**

1 行政権の概念

日本国憲法65条は、行政権が内閣に属することを定めています。

> **憲法第65条**
>
> **行政権は、内閣に属する。**

行政権（ぎょうせいけん）とは、国家の働きのうち、**立法と司法を除いた残りのもの**を指すと覚えてください。

2 議院内閣制

立法権（りっぽうけん）（＝議会）と行政権（＝政府）の関係は、国によっていろいろなスタイルがあります。

主なものとしては、議会と政府が完全に分かれていて、政府の長である大統領を国民が選挙で選ぶアメリカ型と、議院内閣制をとるイギリス型があります。

議院内閣制（ぎいんないかくせい）は、①**議会と政府が（一応）分立**していて、②**政府が議会に対して責任を負う**という2点を特徴とします。

日本国憲法を見ると、内閣総理大臣を国会が指名すること（67条1項）、内閣総理大臣及び他の国務大臣の過半数が国会議員であること（67条1項、68条1項但書）、内閣の連帯責任の原則（66条3項）、衆議院の内閣不信任決議権（69条）などを定めていることから、議院内閣制を採用していることがわかります。

日本国憲法にはハッキリと「日本は議院内閣制をとる」とは書かれてはいませんね。

3 内閣の役割

内閣は、首長である内閣総理大臣と国務大臣で組織されます（66条1項）。首長とは、内閣のリーダーのことです。

憲法第66条1項

内閣は、法律の定めるところにより、その首長たる内閣総理大臣及びその他の国務大臣でこれを組織する。

内閣は、たくさんの役所を統括して行政を行いますが、その中で最も大事なのは**法律を誠実に執行する**ことです（73条1号）。国民の代表機関である国会がつくった法律を、内閣が誠実に執行することによって、国会による民主的コントロールが国家行政の隅々にまで行き渡る仕組みになっています。

そのほかに内閣は、外交関係の処理（同条2号）、条約の締結（同条3号）、官吏に関する事務の掌理（同条4号）、予算の作成と国会への提出（同条5号）などを行います。

➤総合テキスト Chapter 10 裁判所 **1**〜**3**

4 ┊ 裁判所

重要度
A

1 司法権の概念

CASE 2

Aさんは、医師国家試験を受験したところ不合格でした。結果に納得がいかないAさんは、判定に誤りがあったと主張して、不合格判定の取消しを求めて裁判所に出訴しました。

司法とは、**具体的な争訟**について、**法を適用し、宣言する**ことによって**裁定する**ことです。

ここで一番大事なのは、**具体的な争訟**です。これは、①当事者間の具体的な権利義務や法律関係の存否に関する紛争であって、②法律を適用することにより終局的に解決可能なものをいいます（判例）。

裁判所が審査することができるのは、その事件が法律上の争訟にあたるもの

だけです。

　CASE 2 では、国家試験での判定が問題になっています。これは学問の知識や技術の能力の優劣などについて、試験を実施する機関が最終的に判断するものです。具体的に法令を適用してその争いを解決したり調整するものではありません。したがって、法律上の争訟にあたらず、裁判の対象となりません。

> 裁判所法3条1項には、「一切の法律上の争訟」という言葉が出てきます。余力があったら、チェックしてみてくださいね。

2 司法権の独立

CASE 3

　ある刑事事件の判決に対して、参議院の法務委員会が国政調査権を行使し、量刑が軽すぎて不当な判決であるとの決議を行いました。

　立法や行政が政治と大きく関係するのに対して、**司法は非政治的な権力**です。このため司法権は、立法権や行政権によって侵害される危険性が大きいのです。

　また司法は、裁判を通じて国民の権利を保護することを役目としているので、政治的権力の干渉を排除して、少数者の保護を図ることが必要とされました。そこで、日本国憲法では司法権の独立が著しく強化されています。

　司法権独立の原則には、①司法権が立法権・行政権から独立していること（司法府の独立）、②裁判官が裁判をするにあたって独立して職権を行使すること（裁判官の職権の独立）、という２つの意味があります。このうち、司法権の独立の核心をなすのは、②の裁判官の職権の独立です。

司法権の独立には、次の２つがあります

司法権の独立 → 司法府の独立

司法権の独立 → 裁判官の職権の独立

　裁判官の職権の独立とは、裁判官一人ひとりが、裁判官としての客観的良心

に従って、他者の指示や命令を受けずに、自らの判断に基づき裁判を行うことを意味します（76条3項）。

このことから、裁判官の自由な判断形成に対して事実上重大な影響を及ぼす行為は、司法権の独立を侵すものとして許されません。

CASE 3 の参議院の法務委員会の措置は、裁判官の判断に対して圧力を加えるに等しいので、司法権の独立を侵害することになり、許されません。

3 司法権に対する民主的統制

憲法では司法権の独立が定められていますが、このことは司法の独善化を許すものではありません。司法権も民主的にコントロールされることが必要となります。

裁判所は、少数者の人権を保障する最後の砦^{とりで}ですから、民主的統制をする場合には、司法権の独立を侵害することのないように十分に配慮されなければなりません。

「裁判員制度」は2009年5月21日からスタートしました。
これも、司法権に対する民主的統制といえます。

司法権に対する民主的統制の具体的な例としては、次のものがあります

最高裁判所裁判官の国民審査	最高裁判所の地位と権能（特に違憲審査権）の重要性に鑑み、最高裁判所裁判官の選任に対して民主的コントロールを及ぼすため、国民審査の制度が設けられています（79条2項）。
国会による弾劾裁判所の設置	裁判官に一定の弾劾事由があるときは、衆参両院の議員で組織された訴追委員会により罷免の訴追がなされ、国会が設置する弾劾裁判所によって罷免される場合があります（64条、78条前段）。
裁判の公開	裁判の公正を確保するため、対審（裁判官の面前で当事者が口頭でそれぞれの主張を述べること）と判決は原則として公開されます（82条1項）。公開とは、主として傍聴の自由を認めることを意味します。

5 ┊ 憲法保障

重要度
C

　憲法は、その国の最高法規です(98条1項)。しかし、ときとして、この最高法規性が脅かされる事態も生じます。憲法には大きな概念や基本原理が書かれているにすぎないので、具体的な法律などで、憲法に反するものが出てくる可能性があるということです。

　そこで、このような憲法に反する政治の動きを事前に防止したり、事後に是正する装置を、あらかじめ憲法秩序の中に設けておく必要があります。これを憲法保障制度といいます。

　日本国憲法が定めている保障制度としては、最高法規性の宣言(98条1項)、公務員の憲法尊重擁護義務(99条)、権力分立制(41条、65条、76条1項)、硬性憲法(96条)、事後的救済としての違憲審査制(81条)があります。

用語 **ちょっと解説**　**違憲審査制**

　　法令などが憲法に違反していないかどうかを判断する制度。

6 ┊ 憲法改正

重要度
C

　憲法には、強くてしっかり安定していることが求められる一方で、その時代の政治や社会の動きに適応して変化すること(=可変性)も必要です。

　安定性と可変性という矛盾する要請に応えるために考案されたのが、憲法の改正手続を定めつつ、その改正要件を厳格にするという、いわゆる硬性憲法の技術です。

　日本国憲法は、改正手続を定める一方で、その要件を通常の法律の改正手続よりも厳格にしており、硬性憲法を採用しています(96条)。

達成度チェック　解答

問題1 …③

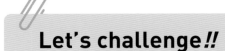

●これまで学習したことを、
本試験問題で体感しよう！

問題1 デモクラシーの刷新を綱領に掲げる政党Xは、衆議院議員選挙の際の選挙公約として、次のア〜エのような内容を含む公職選挙法改正を提案した。

ア　有権者の投票を容易にするために、自宅からインターネットで投票できる仕組みを導入する。家族や友人とお茶の間で話し合いながら同じ端末から投票することもでき、身近な人々の間での政治的な議論が活性化することが期待される。

イ　有権者の投票率を高めるため、選挙期間中はいつでも投票できるようにするとともに、それでも3回続けて棄権した有権者には罰則を科するようにする。

ウ　過疎に苦しむ地方の利害をより強く国政に代表させるため、参議院が都道府県代表としての性格をもつことを明文で定める。

エ　地方自治と国民主権を有機的に連動させるため、都道府県の知事や議会議長が自動的に参議院議員となり、国会で地方の立場を主張できるようにする。

　この提案はいくつか憲法上論議となり得る点を含んでいる。以下の諸原則のうち、この提案による抵触が問題となり得ないものはどれか。

1　普通選挙　　2　直接選挙　　3　自由選挙　　4　平等選挙
5　秘密選挙

（平成30年度　問題6）

ア　5「秘密選挙」が憲法上議論となり得る
　　家族や友人とお茶の間で話し合いながら同じ端末から投票すると、誰が誰に投票したかが判明してしまうため、秘密選挙が憲法上議論となり得る。

イ　3「自由選挙」が憲法上議論となり得る
　　3回続けて棄権した有権者には罰則を科するようにすることは、棄権しても罰金などの制裁を受けないとする自由選挙が憲法上議論となり得る。

ウ　4「平等選挙」が憲法上議論となり得る

　　　過疎に苦しむ地方の利害をより強く国政に代表させるために、参議院が都道府県代表としての性格を有することを明文で定めてしまうと、各都道府県間での投票の価値が平等ではなくなるため、平等選挙が憲法上議論となり得る。

エ　2「直接選挙」が憲法上議論となり得る

　　　都道府県の知事や議会議長が自動的に参議院議員となることは、参議院議員を直接に選挙していないので、直接選挙が憲法上議論となり得る。

以上により、抵触が問題となり得ないものは肢1であり、正解は1となる。

問題2 衆議院と参議院の議決に一致がみられない状況において、クローズアップされてくるのが両院協議会の存在である。日本国憲法の定めによると、両院協議会を必ずしも開かなくてもよいとされている場合は、次のうちどれか。

1　衆議院が先議した予算について参議院が異なった議決を行った場合

2　内閣総理大臣の指名について衆参両院が異なった議決を行った場合

3　衆議院で可決された法律案を参議院が否決した場合

4　衆議院が承認した条約を参議院が承認しない場合

5　参議院が承認した条約を衆議院が承認しない場合

（平成21年度　問題7）

両院協議会は、両議院の議決が異なった場合において、その間の妥協をはかるために設けられる協議機関である。

※　○：必ず開かなければならない　　×：必ずしも開かなくてよい

1　○　衆議院が先議した予算について、参議院で衆議院と異なった議決をした場合は、両院協議会を開かなければならず、両院協議会で意見が一致しないときは、衆議院の議決が国会の議決とされる（憲法60条2項）。

2　○　内閣総理大臣の指名について、衆議院と参議院とが異なった議決をした場合は、両院協議会を開かなければならず、両院協議会で意見が一致しないときは、衆議院の議決が国会の議決とされる（同法67条2項）。

3　×　衆議院で可決し、参議院でこれと異なった議決をした法律案は、衆議院で

出席議員の３分の２以上の多数で再び可決したときは、法律となる(同法59条２項)。そして、この場合においては、衆議院が、両院協議会を開くことを求めることを妨げないと規定されており、両院協議会の開催は任意的である(同条３項)。

4 ○ 条約の締結に必要な国会の承認については、予算についての国会の議決に関する規定が準用されており(同法61条・60条２項)、本肢の場合、両院協議会を必ず開かなければならない。

5 ○ 条約の締結に必要な国会の承認については、予算についての国会の議決に関する規定が準用されており(同法61条・60条２項)、本肢の場合、両院協議会を必ず開かなければならない。

　以上により、両院協議会を必ずしも開かなくてもよいとされている場合は肢３であり、正解は３となる。

··

問題3 次の文章は、ある最高裁判所判決の一節(一部を省略)である。空欄　ア　～　エ　に当てはまる語句を、枠内の選択肢(1 ～ 20)から選びなさい。

　確かに、　ア　は、民主主義社会において特に重要な権利として尊重されなければならず、被告人らによるその政治的意見を記載したビラの配布は、　ア　の行使ということができる。しかしながら、……憲法21条１項も、　ア　を絶対無制限に保障したものではなく、公共の福祉のため必要かつ合理的な制限を是認するものであって、たとえ思想を外部に発表するための手段であっても、その手段が他人の権利を不当に害するようなものは許されないというべきである。本件では、　イ　を処罰することの憲法適合性が問われているのではなく、　ウ　すなわちビラの配布のために「人の看守する邸宅」に　エ　権者の承諾なく立ち入ったことを処罰することの憲法適合性が問われているところ、本件で被告人らが立ち入った場所は、防衛庁の職員及びその家族が私的生活を営む場所である集合住宅の共用部分及びその敷地であり、自衛隊・防衛庁当局がそのような場所として　エ　していたもので、一般に人が自由に出入りすることのできる場所ではない。たとえ　ア　の行使のためとはいっても、このような場所に　エ　権者の意思に反して立ち入ることは、

| エ |権者の| エ |権を侵害するのみならず、そこで私的生活を営む者の私生活の平穏を侵害するものといわざるを得ない。

（最二小判平成20年4月11日刑集62巻5号1217頁）

1 出版の自由	2 統治	3 集会の手段	4 良心そのもの
5 出版それ自体	6 良心の自由	7 管理	8 居住の手段
9 居住・移転の自由	10 表現の自由	11 集会それ自体	12 良心の表出
13 支配	14 集会の自由	15 出版の手段	16 居住
17 表現の手段	18 居住それ自体	19 所有	20 表現そのもの

（平成25年度　問題41）

ア「10　表現の自由」　　イ「20　表現そのもの」　　ウ「17　表現の手段」
エ「7　管理」

　本問は、最高裁判所平成20年4月11日判決を題材としたものである。同事件では、公務員宿舎である集合住宅の各室玄関ドアの新聞受けに政治的意見を記載したビラを投かんする目的で、管理権者の意思に反して当該集合住宅の敷地等に立ち入った行為について、当該行為をもって刑法130条前段の罪（邸宅侵入罪）に問うことが憲法21条1項に違反するか否かが問題となった。本問の判示部分において、最高裁判所は、本件被告人らの行為をもって刑法130条前段の罪に問うことは、憲法21条1項に違反するものではないとした。

　以上により、アには10、イには20、ウには17、エには7が当てはまる。

民法入門

達成度チェック表

正解した問題の数だけ下のマスを塗りつぶそう！
弱点科目がわかるよ！

憲法 | あと一歩！ | 理解十分！ | 問題数
6
3　　　　　　6

民法
8
4　　　　　　8

商法
6
3　　　　　　6

行政法
16
8　　　　　　16

基礎法学
3
2　　　　3

基礎知識
11
6　　　　　　11

民法の全体構造（契約の一生）

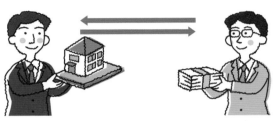

売主A　　　　　　　　　　　　　買主B

　私たちの私的な生活関係全般について、一般的なルールを定めているのが民法です。そこで、このChapterでは、民法の体系を短時間で理解してもらうために、契約の一生という視点から学習することにしました。まずは、細かいことは気にせず、民法がどういう体系になっているかを押さえていきましょう。

達成度チェック　　正解した問題No.を塗りつぶそう　Chapter 1　問題1　問題2　問題3　問題4　問題5　問題6

▶総合テキスト Chapter 1 全体構造

1 ┊ 序　説

重要度
C

1 民法とは

1 私的自治の原則

　民法とは、私法（個人相互の私的生活関係を調整する法律）の中で最も基本となる法律です。

　私たちは、自分の意思で自由に契約を結んだり、財産を処分したりすることができます。反対に、自分の意思によらず権利を取得することはなく、義務を

負うこともありません。これを私的自治の原則といいます。

　私的自治の原則は、民法の条文にもあらわれており、521条は「契約の締結及び内容の自由」について、1項で「何人も、法令に特別の定めがある場合を除き、契約をするかどうかを自由に決定することができる。」とし、2項で「契約の当事者は、法令の制限内において、契約の内容を自由に決定することができる。」と規定しています。

　しかし、私たちの社会において、法律関係を意識せずに契約を結んでしまったり、契約内容が明確でないために法的なトラブルが発生してしまうこともあります。そこで、そのようなトラブルを解決するためにルールが必要となります。このルールの最も基本となるものこそが民法なのです。

例えば、民法の改正により、2022年4月からは、18歳で成年となることとされました（第4条）。成年年齢も民法に規定されているのです。いかに民法が私たちの生活に身近であるか、わかるのではないでしょうか。

2　財産法と家族法

　民法は、大きく分けて財産法と家族法に分類できます。財産法とは、主に契約など個人の財産にかかわるものについてまとめたものをいいます。これに対して、家族法とは、夫婦関係や親子関係などの親族関係と、相続関係についてまとめたものです。これを図にしたのが下の図です。

民法の全体像を理解しておきましょう

```
                          民　法
                ┌───────────┴───────────┐
              財産法                   家族法
        ┌───────┼───────┐         ┌───────┴───────┐
     民法総則   物権法   債権法      親族法        相続法
```

❸ 民法の構成

　日本の民法は、パンデクテン方式といって、共通部分を前へ前へとくくり出すシステムをとっています。したがって、現実の法律関係と規定の配列がうまく対応していません。例えば、売買に関する規定を知りたいとき、売買の節だけ見るのでは足りず、手前にある契約総則の規定や、さらに手前にある債権総則、民法総則も見なければなりません。

　よって、民法を効率的に学習するためには、現実の法律関係（契約などによって生じる市民間の権利や義務の関係）を想像して、それぞれのテーマのイメージを最初につかんでしまうことが大切です。本書では、この視点で１つの契約（売主のＡさんと買主のＢさんが建物の売買契約を締結した）を題材に、その契約の中で具体的にどのような問題が民法上生ずるのかということについて述べていきます。

民法の構成を理解しておきましょう

```
                                    ┌─ 契約の効果①
                    ┌─ 契約の成立 ──┤  債権・債務の発生（債権法）
        ┌─ 契約の一生 ─┤  （財産法）  │
        │              │             └─ 金銭債務の履行確保
民法の構成 ─┤            └─              （金融取引法）
        │
        └─ 人の一生 ──── 家族法 ──── 契約の効果②
                                     所有権の移転（物権法）
```

　また、このような法律体系をとっていることから、今後の勉強では**常に民法全体を視野に入れる**という発想が大切になります。

2 権利（債権）と義務（債務）

> **CASE 1**
>
> 　売主Ａと買主Ｂとの間に、Ａが所有する一戸建ての家について売買契約が締結されました。

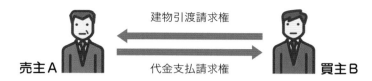

売主Aと買主Bとの売買契約によって、何が起こるのでしょうか

建物引渡請求権

売主A ← → **買主B**

代金支払請求権

売買契約が締結されると、契約を結んだ当事者の間に**債権**と**債務**が発生します。

債 権	特定人が他の特定人に対して一定の行為（給付）を請求することを内容とする権利
債 務	特定人が他の特定人に対して一定の行為（給付）をすることを内容とする義務

CASE 1 では、買主Bは、売主Aに対して**建物引渡請求権**（権利、債権）を有し、**代金支払債務**（義務、債務）を負います。これに対して、売主Aは、買主Bに対して**代金支払請求権**（権利、債権）を有し、**建物引渡債務**（義務、債務）を負うことになります。

　少し注意が必要なのは、債権者と債務者の地位は着目する権利によって異なるということです。建物の引渡しに着目すれば、買主Bは債権者、売主Aは債務者ということになり、金銭の支払に着目した場合、売主Aは債権者、買主Bは債務者ということになります。

　なお、人に対して持つ権利を債権というのに対し、物に対して持つ権利を物権といいます。物権では、所有権や抵当権が有名です。

> 債権とか債務と聞くと、金銭の貸借を想像しがちですが、これまでの学習でわかるとおり、債権と債務は金銭の貸借に限られません。

3 法律要件と法律効果

　売買契約が締結されたら（＝ならば）、買主Bは代金を支払わなければなりません（＝である）。民法上の法律関係は、このように「～ならば、～である」という形になっています。この「～ならば」という部分を**法律要件**、「～である」

Part 2 民法入門

という部分を法律効果といいます。

CASE 1 でいえば、売買契約の締結が法律要件で、代金支払債務と建物引渡債務の発生が法律効果です。

このように、民法は、一定の法律要件を満たせば、一定の法律効果が生じるという形で規定されています。したがって、民法を学習する際には、この法律要件、法律効果についての理解が必要となります。

民法では、特にこの図のような関係になることを意識するようにしましょう

法律要件 ➡ 法律効果

一定の権利義務の発生・変更・消滅

達成度チェック

Date	Date	Date
/	/	/

問題1 財産法に含まれないものはどれか？
①物権法 ②債権法 ③相続法

正解はP105

▶ 総合テキスト Chapter 3 権利の主体、Chapter 4 権利の客体（物）

2 ┃ 契約の主体と客体

重要度 C

契約の一生に入る前に、まずは、どのような存在が売主や買主という契約の主体となり得るのか、また、どのような存在を目的にして契約をすることができるのかについて見ていきましょう。

1 契約の主体（自然人と法人）

CASE 2

とても賢いラブラドールレトリバーのゴン太は、自分の所有する犬小屋を、ミニチュアダックスフンドのルークに売却しました。

民法上、契約を締結することができる主体は人だけです。人とは、権利（債権、物権）や義務（債務）の帰属主体となり得る地位（権利能力）を持つ者をいいます。権利能力は、売主や買主という契約の当事者となることができる資格と考えても構いません。

そして、民法において、人は自然人と法人に分類されます。

自然人とは、私たち人間のことであり、自然人は、出生によって権利能力を取得し（3条1項）、死亡によって権利能力を失います。

法人とは、法律が権利義務の主体として特に認めたもので、自然人以外のものをいいます。例えば、株式会社がその典型です。会社は、設立の登記をすることによって権利能力を取得します。

CASE 2 において、ゴン太とルークは自然人でも法人でもなく、権利能力の主体と認められないので、犬小屋についての売買契約を締結することはできません。そもそもゴン太が「自分の所有する犬小屋」という表現も間違っています。権利能力がない以上、犬小屋の所有権の帰属主体にゴン太はなれないからです。

なお、権利能力は権利義務の帰属主体となり得る地位を意味するので、権利能力があることは、その者が契約を有効に締結できることを意味するわけではありません。すなわち、契約などの法律行為の当事者が意思能力を有しなかった場合、その法律行為は無効となります（3条の2）。

自然人は、出生から死亡まで権利能力を有します。ただし、権利能力があることと、実際に有効な契約をすることができるかは別の問題なので、注意してください。

2 契約の客体（不動産と動産）

CASE 3

売主Aと買主Bとの間に締結された売買契約の目的物である甲建物には、納屋が付属していました。

甲建物のように権利の客体となるものを、民法上、物といいます。民法が規定している物は、不動産と動産とに分かれます。不動産とは、土地及びその定

着物（建物や樹木）をいい（86条1項）、動産とは、不動産以外の物をいいます（同条2項）。不動産と動産ではその取扱いが異なることがあります。

　また、物は主物と 従物 とに分類することもできます。主物とは、従物にその効用を助けられる物をいいます。従物とは、継続的に主物の効用を助ける物をいいます。例えば、母屋が主物であり、納屋が従物となります。民法では、従物は主物の処分に従うと規定されています（87条2項）。

> ほかにも、刀と 鞘、レストランの建物とテーブルや椅子、家と畳などが主物と従物の関係にあります。

　CASE 3 において、納屋は継続的に主物（甲建物）の効用を助ける物、すなわち従物にあたるので、甲建物の売買契約によって、納屋も買主Bに譲渡したことになります。

> 民法を学ぶ場合は、このように甲建物とか乙土地という言い方がよく出てきますから、早く慣れてくださいね。

達成度チェック

Date	Date	Date
/	/	/

問題2　権利義務の帰属主体となり得る地位のことを何というか？
　　　①行為能力　②権利能力　③責任能力

正解はP105

▶ 総合テキスト Chapter 5 法律行為

3 ┃ 契約の成立とその効果

重要度 C

　それでは、契約の一生を見ていきましょう。まずは、契約はどのような要件を満たせば、効力を生じるのでしょうか。この点については、①成立要件、②有効要件、③効果帰属要件、④効力発生要件の4つの要件を満たすと契約は効力を生じると解されています。

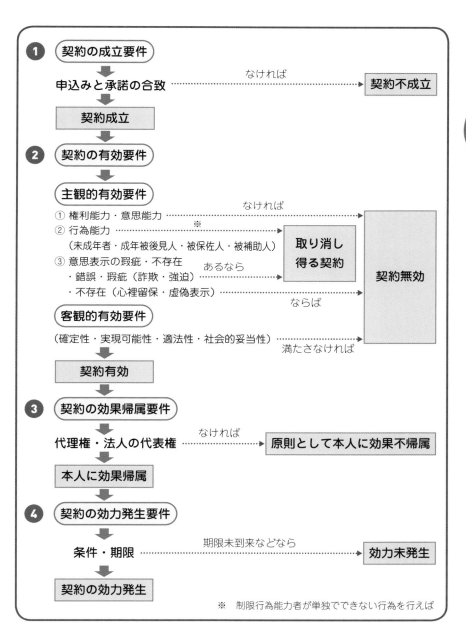

① 契約の成立要件

申込みと承諾の合致 ················ なければ ·················▶ 契約不成立

契約成立

② 契約の有効要件

主観的有効要件

① 権利能力・意思能力 ················ なければ ·················▶

② 行為能力 ························· ※ ·················▶ 取り消し得る契約

（未成年者・成年被後見人・被保佐人・被補助人）

③ 意思表示の瑕疵・不存在 あるなら

・錯誤・瑕疵（詐欺・強迫）················▶

・不存在（心裡留保・虚偽表示）················▶ 契約無効

ならば

客観的有効要件

（確定性・実現可能性・適法性・社会的妥当性）················▶

満たさなければ

契約有効

③ 契約の効果帰属要件

代理権・法人の代表権 ················ なければ ·················▶ 原則として本人に効果不帰属

本人に効果帰属

④ 契約の効力発生要件

条件・期限 ················ 期限未到来などなら ·················▶ 効力未発生

契約の効力発生

※ 制限行為能力者が単独でできない行為を行えば

1 契約の成立要件

売主Aと買主Bとの間の売買契約は、売主Aが「甲建物を5,000万円で売ろう」と言い、買主Bは「それじゃあ、甲建物を5,000万円で買おう」と言って締結されました。

契約は、原則として、申込みと承諾の2つの意思表示が合致することによって成立します（522条1項。諾成契約⇔要物契約）。通常、不動産の売買契約などの際には、契約書を作成することが一般的ですが、契約書は契約の成立とその内容に関して将来紛争が生じたときのための証拠となるにすぎず、その作成は**契約の成立要件ではありません**（同条2項。不要式契約⇔要式契約）。

なお、消費者を保護する諸法律によって、事業者は消費者に対して書面を交付しなければならないことがあります。

CASE 4 において、売主Aの「甲建物を5,000万円で売ろう」という申込みと、買主Bの「それじゃあ、甲建物を5,000万円で買おう」という承諾の意思表示は合致しているので、売主Aと買主Bとの間で売買契約は成立しています。

「意思表示」とは、法律効果の発生を欲して発表することをいいます。ここでは「〜したい」と表示すること、くらいに考えておいてください。

口約束であれば、すなわち、契約書が作成されなければ、契約は成立しないと思っていた人もいるでしょう。しかし、身近な契約の多くは、契約書がなくても成立します。例えば、スーパーでの買い物も、民法から見れば売買契約の締結にあたりますが、契約書を作成することなく契約が成立しています。

② 契約の有効要件

CASE 5

売主Aは、17歳でした。Aには親権者として父Bと母Cがいましたが、B及びCの同意を得ずに売買契約を締結しました。

申込みと承諾が合致して契約が成立すれば、意思表示どおりに法律効果が発生するのが原則です。しかし、契約が成立したとしても、契約当事者（主体）や意思表示、契約内容について問題があるときには、そのままの法律効果を発生させるわけにはいかない場合があります。そこで、このような場合、契約は無効、あるいは取り消し得るものとなります。

CASE 5において、売主Aは未成年者であり（４条）、原則として単独で有効な法律行為をすることができない制限行為能力者です（５条１項）。したがって、法定代理人（親権者等）の追認（取り消すことができる行為を取り消さずに、確定的に有効にする意思表示。122条）等がない限り、甲建物の売買契約は取り消すことができます（５条２項）。

そして、取り消された行為は、はじめから無効であったものとみなされます（121条）。

制限行為能力者は、通常の成年者と比べ、判断能力に劣るところがあるので、民法によって一定の保護を受け、①保護者が付き、②保護者の同意なくすることができない法律行為（契約等）をしてしまった場合、その法律行為を取り消すことができます。制限行為能力者の類型には、①未成年者のほか、②成年被後見人（８条。保護者を成年後見人といいます）、③被保佐人（12条。保護者を保佐人といいます）、④被補助人（16条。保護者を補助人といいます）があります。

単独で確定的に有効な意思表示をなし得る地位ないし資格のことを行為能力といい、これは契約が有効となるための要件の1つです。行為能力を有しない者を制限行為能力者（未成年者・成年被後見人・被保佐人・被補助人）といい、制限行為能力者が単独ではできない法律行為を行った場合、その法律行為は取り消すことができるのです。

無効と取消しという言葉が出てきましたね。
無効と取消しのどちらも、効果を発生させない点では同じです。
しかし、無効は効力がはじめから発生しないのに対し、取消しは一応有効な法律行為の効果をはじめにさかのぼって無効とするという点で異なります。

3 契約の効果帰属要件

CASE 6

売主Aは、不動産取引についてあまり詳しくなかったので、不動産取引に詳しいCに代理人になってもらいました。

代理がどのようなものか、図を見て具体的にイメージしてみましょう

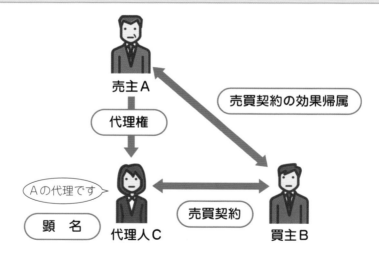

契約は、本人が自分で締結するのが原則ですが、本人以外の者が代わりに有効に契約を締結できる場合があります。例えば、代理人に依頼して、契約を締結してもらうような場合です。

代理とは、顕名（代理人が相手方に対して「本人のためにすること」を示すこと）など一定の要件を満たせば、その代理人の行った契約の効果が、直接本

人に帰属する制度をいいます（99条）。この代理制度には、法定代理のように、私的自治の補充（本人ができないために代理人が代わりに行うこと）を目的とする代理と、任意代理のように、私的自治の拡張（本人が自己の活動領域を広げるために代理人を利用すること）を目的とする代理とがあります。

用語 ちょっと解説 帰属する

法律上の権利の移転などの効果が、国や私人など一定の者に対して生じること。

代理制度には、次の2つがあります	
法定代理	本人の意思に基づかずに、代理権が直接法律の規定によって与えられる場合
任意代理	本人の意思に基づいて、代理権が生ずる場合

CASE 6 では、Cは、売主Aの代理人として、Aのために契約などの法律行為を行うことができ、Cが代理権の範囲内で行った代理行為の効果は、売主Aに帰属します。

なお、代理人は、選ばれた以上は、自らの意思決定のもと、本人のために活動します。この点、本人の意思決定のもと活動する「使者」とは異なります。また、代理はあくまでも代理人が代理行為を行うので、契約の当事者を結びつける「媒介（仲介ということもあります）」とは異なります。

法定代理は、単独で有効な法律行為をすることができない制限行為能力者のためにある代理制度です。
そのため、法定代理は、私的自治の補充を目的とする代理であるといえます。
任意代理は、CASE 6 のAのように、単独で有効な法律行為をすることができる場合でも、自らがするよりも良い結果を得るなどの目的から、代わりに他人にやってもらうための代理制度です。
そのため、任意代理は、私的自治の拡張を目的とする代理であるといえます。この私的自治の補充と拡張をあわせて、私的自治の拡充などといったりします。

売主Aの知らないうちに、Dが勝手に売主Aの代理人を名乗って、買主Bと売買契約を結んでしまいました。

CASE 6 の図と下の図を比べて、その違いを見つけてください

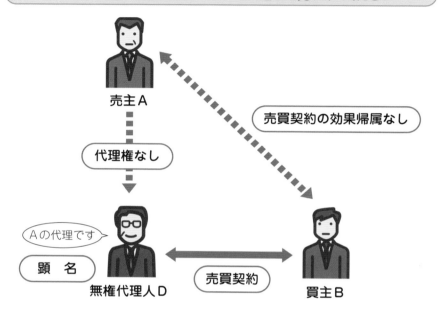

代理人が、本人のためにすることを相手方に示して（顕名）、法律行為をしたにもかかわらず、代理権がなかった場合（与えられた代理権の範囲を超えた場合も含む）を無権代理（むけんだいり）といいます。無権代理の場合、原則として、本人に法律効果が帰属することはありません（113条1項）。

しかし、本人が後から効果帰属させることを認めた場合（これを追認（ついにん）といいます。同項）や、相手方がその無権代理人の代理権を信じるのもやむを得ないと判断される場合（これを表見代理（ひょうけんだいり）といいます。109条、110条、112条）には、代理権があったのと同様に本人に効果を帰属させることができます。

CASE 7 において、Dには代理権がないので、Dの行った行為は、売主Aに効果帰属しないのが原則です。もっとも、売主Aが追認したり、表見代理が成立した場合には、売主Aに効果が帰属することになります。

4 契約の効力発生要件

> **CASE 8**
>
> 売主Aと買主Bとの間に締結された甲建物についての売買契約には、売主Aが今度の人事異動で海外の支店に転勤になったら甲建物を売却するという条件が付いていました。

　契約が成立し、有効であって、その効果が本人に帰属していても、それだけでは契約の効力を主張できない場合があります。それは、条件や期限などが付いている場合です。

　条件とは、法律行為の効力の発生又は消滅を将来の成否不確実な事実（例えば、「今年の行政書士試験に合格したら」など）にかからせる（関連させる）ものをいい、期限とは、法律行為の効力の発生又は消滅を将来必ず到来する事実（例えば、「2030年1月27日」など）の発生まで延ばすものをいいます。

　また、条件には、条件が成就した時から効力を生ずる停止条件（127条1項。例えば、「今年の行政書士試験に合格したら、私の時計をプレゼントしよう」）と、条件が成就した時から効力を失う解除条件（例えば、「私の時計をあげよう（時計の贈与契約）。ただし、今年の行政書士試験に合格したら、（時計の贈与契約を解除することにして）時計を返してね」）があります（同条2項）。

　CASE 8 において、売主Aと買主Bとの間の売買契約には、今度の人事異動で海外の支店に転勤になったら売却するという停止条件が付いているので、この停止条件が成就しない限り、売買契約の効力は発生せず、買主Bは、甲建物の引渡しを請求することはできません。

> 条件の具体例としては、「私が行政書士試験に合格したら」などがあります。
> 期限の具体例としては、「来週の日曜日になったら」や「今度雨が降ったら」などがありますね。

5 契約の効果

　以上のような過程を経て、契約が有効に成立すると、それを法律要件として

一定の法律効果が生じます。

第1の法律効果は、債権・債務の発生です。甲建物の売買契約の場合、買主Bは、売主Aに対して建物引渡請求権（権利、債権）を有し、代金支払債務（義務、債務）を負います。これに対して、売主Aは、買主Bに対して代金支払請求権（権利、債権）を有し、建物引渡債務（義務、債務）を負うことになります。

また、売主は、建物引渡債務に加えて、買主に対し登記を備えさせる義務も負います（560条）。

第2の法律効果は、所有権の移転です。売買契約が締結されると、特約がない限り、その売買契約の成立と同時に、甲建物の所有権は、売主Aから買主Bに移転します。

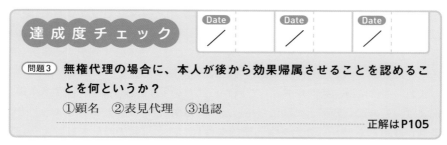

達成度チェック

Date ／　　Date ／　　Date ／

問題3 無権代理の場合に、本人が後から効果帰属させることを認めることを何というか？
①顕名　②表見代理　③追認

正解はP105

▶総合テキスト Chapter 28 契約の意義・成立〜 Chapter 30 契約の解除

4 契約の効果①（債権・債務の発生）

重要度 A

1 契約総論（契約存続中の関係について）

CASE 9

売主Aと買主Bとの間に、A所有の甲建物について売買契約が締結されましたが、買主Bは、代金の支払が済んでいないにもかかわらず、売主Aに対して建物の引渡しを求めています。

当事者双方に対価的な債務が発生する契約を双務契約といいます。これに対して、当事者の一方のみに債務の発生する契約を片務契約といいます。

契約の存続中には様々な問題が生じますが、特に双務契約においては、各当事者の債務が対価的な相互依存関係にあるため、両債務は、双務契約上の債務

として特殊な関係に立ちます。この関係のことを牽連関係（牽連性）といいます。

> 牽連関係とは、簡単にいうと、一方の債務に問題が生じたときに、他方の債務も影響を受けるということです。つまり、一方の債務が成立しなかったとき、一方の債務が履行されるとき、一方の債務が消滅したときに、他方も影響を受けるということなのです。

売主Aと買主Bとの間に生じた2つの債権（債務）は、牽連関係にあります

建物引渡請求権

代金支払請求権

売主A　　　　　　　　　　買主B

　CASE 9 において、売主Aと買主Bが締結した売買契約は、建物引渡請求権（債務）と代金支払請求権（債務）という、双方に対価的な関係のある債務が発生する双務契約です。

　この場合、当事者の一方は、相手方がその債務の履行を提供するまでは、自己の債務の履行を拒めるという、同時履行の抗弁権（533条）を主張することができます。これを履行上の牽連性といいます。

2 契約の履行と不完全履行

CASE 10

売主Aは、締結された売買契約に基づいて、買主Bに甲建物を引き渡しました。その後、甲建物の一部に、契約前から存在した欠陥が発見されました。

　債権は、債務の弁済（債務の本旨に従って給付を実現することにより、債権の目的を達成してこれを消滅させること。履行ともいいます）によって消滅します（473条）。

　そこで、建物のような特定物の引渡しが債権の目的である場合、どのように

引き渡せば、弁済をしたことになるのでしょうか。

　民法は、この場合、契約及び取引上の社会通念に照らしてその引渡しをすべき時の品質を定めることができないときは、弁済をする者は、その引渡しをすべき時の現状でその物を引き渡さなければならないとしています（483条）。

　したがって、契約及び取引上の社会通念に照らしてその引渡しをすべき時の品質を定めているときは、その品質で引き渡さなければならず、これができなければ、債務不履行（不完全履行）の問題となります。

　そのため、CASE 10 において、引き渡された甲建物が品質に関して契約の内容に適合しないものであるときは、買主Bは、売主Aに対し、その修補による履行の追完を請求することができます（562条1項）。

　また、履行の追完がないときは、買主Bは、その不適合の程度に応じて代金の減額を請求することができます（563条1項、2項）。

　さらに、契約の解除（541条、542条）や、売主Aに帰責事由があれば、損害賠償請求（415条）をすることができます（564条）。

おおまかにいえば、売買の目的物がどんな種類・品質・数量のものであれば、その売買契約の内容としてふさわしいかを考えて、それにそぐわない場合には債務不履行となり、買主は売主に対してその救済を求めることができます。そうすると、その契約がどんな内容だったかを確定させることがとても大切になります。CASE 10 でいえば、欠陥がある建物を引き渡すのは、品質について売買契約の内容に適合していないと考えられます。

3 契約の不履行

1 目的物の滅失

1 契約締結前の滅失

CASE 11

　売主Aが買主Bに対して売却した甲建物は、実際は、契約締結日の前日に、第三者Cの放火によって焼失していました。

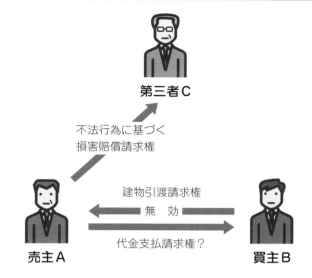

契約締結前に目的物がなくなってしまった場合、どうなるのでしょう

第三者C

不法行為に基づく
損害賠償請求権

建物引渡請求権
無　効
代金支払請求権？

売主A　　　　　　　　　　　　買主B

　契約成立時点において、すでに給付の内容が実現不可能である場合を原始的不能といいます。

　原始的不能であっても、契約の効力は妨げられません。

　そして、債務者（売主）に帰責事由があれば、債権者（買主）は履行の不能によって生じた損害の賠償を請求することができます（412条の2第2項）。

　また、債務者に帰責事由がなくても、債権者は、自らに帰責事由がある場合を除き（543条）、催告をすることなく、直ちに契約の解除をすることができます（542条1項1号。債務者に帰責事由がある場合も契約の解除をすることはできます）。

　そして、債務者に帰責事由がなくても、解除をするまでの間、債権者は、自らに帰責事由がある場合を除き（536条2項）、反対給付の履行を拒むことができます（同条1項　危険負担）。

　CASE 11 では、第三者Cの放火によって甲建物が焼失しているため、通常は、売主A・買主Bに帰責事由があるとは考えられません。

　そこで、買主Bは売主Aに対して損害賠償請求をすることはできません。一方で、契約を解除することはできます。また、契約の解除をするまでの間、買主Bは代金の支払を拒むことができます。

　なお、甲建物を失った売主Aは、第三者Cに対して、不法行為に基づく損害

Part 2　民法入門

賠償請求権を行使することができます(709条)。このように、債権の発生原因には、契約のほかにも不法行為などがあります。

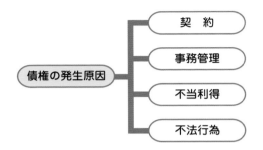

債権の発生原因には、次の4つがあります

債権の発生原因
- 契約
- 事務管理
- 不当利得
- 不法行為

2 契約締結後引渡し前の滅失

CASE 12

売主Aが買主Bに対して売却した甲建物が、契約締結後引渡し前に焼失してしまいました。

CASE 12 のような、契約締結後に給付の内容が実現不可能になった場合を後発的不能といいます。後発的不能の場合も、原始的不能の場合と処理は同様です。

すなわち、債務者(売主A)に帰責事由がある場合、債権者(買主B)は、①債務不履行に基づく損害賠償請求、②契約の解除をすることができます。

これに対して、債務者(売主A)に帰責事由がない場合で、債権者(買主B)にも帰責事由がないとき、債権者(買主B)は、①契約の解除、②契約の解除をするまでの間、履行拒絶をすることができます。

一方、債務者(売主A)に帰責事由がない場合で、債権者(買主B)に帰責事由があるとき、債権者(買主B)にはとり得る手段は原則としてありません。

なお、売主Aが買主Bに甲建物を引き渡した場合において、その引渡しがあった時以後に甲建物がA・B双方の責めに帰することができない事由によって滅失し、又は損傷したときは、買主Bは、その滅失又は損傷を理由として、履行の追完の請求、代金の減額の請求、損害賠償の請求及び契約の解除をすることができません。この場合において、買主Bは、代金の支払を拒むことができません(567条1項)。

② 履行遅滞

CASE 13

　買主Bは、甲建物の売買代金を支払いました。しかし、売主Aは、履行期日を過ぎても、甲建物の所有権移転登記と、建物の引渡しをしようとしません。

　履行遅滞とは、債務の履行が可能であるにもかかわらず、履行期に履行しないことをいいます。

　債務者が正当な理由がないのに債務の本旨に従った債務を履行しないことを債務不履行といいますが、この履行遅滞は債務不履行の一類型です。

　履行遅滞となったとき、債権者がとり得る手段として、①履行の強制（414条）、②債務不履行による損害賠償請求（415条）、③契約の解除（541条、542条）があります。

　CASE 13において、売主Aが任意に期日に移転登記債務や引渡債務を履行しなかったのであれば、買主Bは、①履行の強制（強制履行）をすることができます。

　また、売主Aに帰責事由があれば、②債務不履行による損害賠償請求をすることができます。

　さらに、買主Bは、売主Aの帰責事由の有無にかかわらず、③契約の解除をすることができます。

達 成 度 チ ェ ッ ク

Date　／　　Date　／　　Date　／

問題4　民法上、債権の発生原因でないものはどれか？
　①契約　②事務管理　③死亡

正解はP105

5 契約の効果②（所有権の移転）

重要度
A

1 不動産物権変動①

CASE 14

売主Aは、買主Bと甲建物の売買契約を締結した後、Cとの間でも甲建物の売買契約を締結しました。そして、AはCに対して甲建物の所有権移転登記をしました。

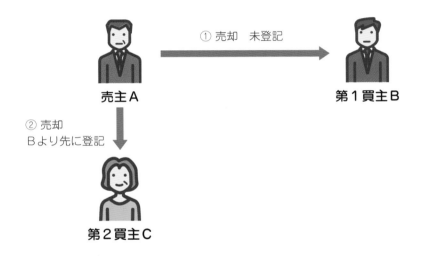

用語 ちょっと解説 **登記**

一定の事項を広く社会に公示するため、登記所に備える登記簿に記載すること、又はその記載のこと。

このような場合を二重譲渡といいます。

物権は、特定の物を直接的・排他的に支配する権利なので、同一の物につき同じ内容の物権が複数成立すると、第三者に不測の損害を与え、取引の安全を害することになります。

そこで、物権変動は、当事者の意思表示のみによって効力を生じますが（176条）、起こった物権変動を第三者に対して主張していくためには対抗要件(たいこうようけん)（不動産の場合は登記(とうき)。177条）が必要とされます。

したがって、不動産の二重譲渡がなされた場合、先に登記を備えたほうが優先するのが原則です。

Part2 民法入門

このように、第三者に効力の発生を主張するために必要な要件を「対抗要件」といいます。よく出てくる言葉ですから覚えましょう。

CASE 14 において、売主Ａは、甲建物をＢとＣに二重譲渡していますが、先に登記を備えた第２買主Ｃが第１買主Ｂに優先します。そのため原則として、Ｃは甲建物の所有権取得をＢに対抗（主張）できます。

2 不動産物権変動②

CASE 15

Ａは、実際にはＢの所有である甲土地を、23年間、所有の意思をもって、平穏かつ公然と占有しました。

一定の事実が継続する場合に、それが真の権利関係と一致するか否かを問わず、継続した事実状態に即した権利関係を確定し得るとする制度を、時効制度(じこうせいど)といいます。この時効制度には、一定期間権利が行使されなかったことによって、その権利が消滅する消滅時効と、一定期間の経過によって権利を取得する取得時効とがあります。

CASE 15 において、Ａは、Ｂの所有であった甲土地を、23年間、所有の意思をもって、平穏かつ公然と占有しています。したがって、Ａは、所有権の取得時効の要件（162条）を満たしたと認められるので、甲土地の所有権を取得時効によって取得することができます。

このように、所有権は、契約のほかに取得時効や相続などによっても移転します。

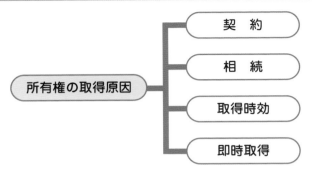

所有権の取得原因には、次のものがあります

所有権の取得原因 ── 契 約
　　　　　　　　── 相 続
　　　　　　　　── 取得時効
　　　　　　　　── 即時取得

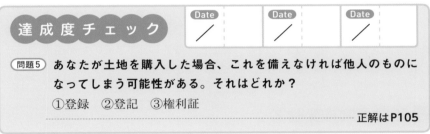

達 成 度 チ ェ ッ ク

| Date | Date | Date |
| / | / | / |

問題5 あなたが土地を購入した場合、これを備えなければ他人のものになってしまう可能性がある。それはどれか？
①登録　②登記　③権利証

正解はP105

▶総合テキスト Chapter 16 担保物権総説、Chapter 25 多数当事者の債権・債務

6 ┊ 金銭債権の履行確保

重要度

B

　売買契約の効果である債権・債務の発生及び所有権の移転については以上です。ところで、不動産の売買契約では、買主が手持ちの現金で全額を用意することは困難であり、一部を銀行から借り受けることが一般的です。

　すなわち、買主は、頭金を準備し、残額を銀行から借り受け（ローンの設定）、それで売主に支払をします。ここで、買主は売主に対して負っている債務は弁済することになりますが（代金債権の消滅）、一方で新たに、銀行との関係で借り受けた金銭を支払う義務を負うことになります。そこで、このセクションでは、銀行（債権者）の立場で、債権を回収する方法について検討していきます。

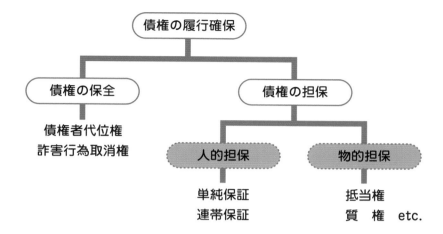

1 債権者平等の原則

CASE 16

買主Bは、X銀行からローンの設定を受け、売主Aに対し売買代金全額を支払うとともに、甲建物の引渡しを受け、また所有権移転登記を完了しました。しかし、その後、買主Bはローンの返済をできなくなってしまいました。ローンの残高は4,000万円です。

　債務者が債務を弁済しないとき、担保を持たない債権者（一般債権者）は、債務者の所有する財産に対して強制執行をして、自分の債権を回収することができます。ここでの、債権回収の引当てとなる債務者の財産を責任財産といいます。

　しかし、強制執行も、債務者に責任財産がなければ、絵に描いた餅です。また、責任財産があった場合でも、債権者が複数いて、責任財産が債権の総額に満たなければ、一般債権者は、自分の持っている債権額に応じて平等に分配を受けることになります（債権者平等の原則）。

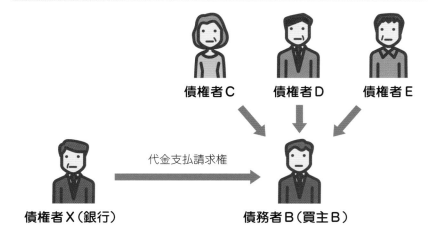

複数の債権者がいる場合、債権者たちは債権額に応じて平等に扱われます

債権者C　　　債権者D　　　債権者E

代金支払請求権

債権者X（銀行）　　　　　　　　債務者B（買主B）

　CASE 16 において、X銀行が、Bに対して、4,000万円の金銭支払請求権を有していたとしても、他の債権者CDEがいて、Bの責任財産が債権の総額に満たない場合、X銀行は、債権額に応じた按分比例によって債権を回収することになります。

　例えば、C、D、EのそれぞれのBに対する債権が3,000万円、2,000万円、1,000万円だったとしましょう。そして、Bの甲建物が5,000万円で売却できたとします。XCDEの債権の合計額は1億円ですから、残念ながらXCDEは債権を全額回収できないこととなります。この場合、X、C、D、Eは、4,000万：3,000万：2,000万：1,000万（4：3：2：1）で5,000万円を分けることとなります。

　すなわち、X銀行が回収することができるのは2,000万円であり、4,000万円全額を回収することはできません。

　なお、債権者には、債務者の責任財産を保全（確保）しておくための手段として、債権者代位権（423条以下）と詐害行為取消権（424条以下）が認められています。

2 金銭債権の履行確保の手段

CASE 17

売主Aと買主Bとの間にA所有の甲建物について売買契約が締結されました。しかし、買主Bは、7,000万円の売買代金全額を用意することができなかったので、売買代金7,000万円と自己資金2,000万円との差額5,000万円について、X銀行から融資を受けることにしました。

前述のとおり、不動産、特に住宅を購入する際には、その全額を自己資金で用意することはまれで、銀行その他の金融機関から融資を受けることが一般的です。この契約を金銭消費貸借契約といい(587条以下)、銀行(貸主)は債権者となり、買主(借主)は債務者となります。そして、この場合、銀行は、貸し出した金銭を確実に回収するため、次のような担保を要求することが考えられます。

① 買主が購入した建物に、物的担保である抵当権(369条以下)を設定します。抵当権の設定を受けた場合、銀行は、買主がローンの弁済を怠ったとき、抵当権を実行することになります。すなわち、建物を競売にかけ、銀行は、その競落代金から、他の債権者に優先して自らの債権を回収することができます。CASE 17 の後、X銀行が1,000万円の弁済まで受けた時点で、Bが支払不能となったとすると、CASE 16 の状況になります。そして、甲建物が抵当権の実行により、5,000万円で落札されると、その5,000万円からX銀行は他の債権者に先だって優先的に債権(4,000万円)を回収することができます。

② 抵当権の設定に加え、買主に対して、人的担保として資力のある保証人(446条以下)等を要求することがあります。銀行は、保証人と保証契約を締結した場合、買主(主たる債務者)が弁済を怠ったとき、保証人に対して保証債務の履行を請求することができます。なお、保証契約は、書面でしなければその効力を生じません(446条2項)。

CASE 17 において、X銀行が保証人Yと保証契約を締結していると、Bが弁済できなくなったとき、主たる債務者Bの残債務と同額の保証債務の履行をYに対して請求することができます。なお、Yは、Xに保証債務の履行をすると、履行した額の求償権をBに対して有することになります。

①債務が弁済されなかった場合、債権者は、抵当目的物を競売にかけて その代金から債権を回収します

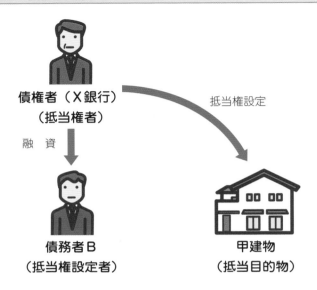

債権者（Ｘ銀行）
（抵当権者）

抵当権設定

融　資

債務者Ｂ
（抵当権設定者）

甲建物
（抵当目的物）

②債務が弁済されなかった場合、債権者は、保証人から弁済を受けて 債権を回収します

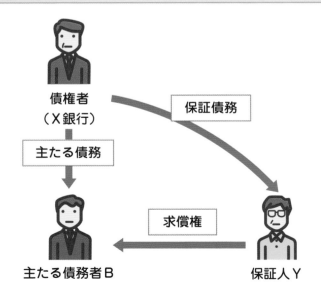

債権者
（Ｘ銀行）

保証債務

主たる債務

求償権

主たる債務者Ｂ

保証人Ｙ

達 成 度 チ ェ ッ ク

Date		Date		Date	
／		／		／	

問題6 **債権回収の引当てとなる債務者の財産のことを何というか?**
　　　①責任財産　②債権　③抵当権

正解はP105

達 成 度 チ ェ ッ ク **解答**

問題1 …③、　問題2 …②、　問題3 …③、　問題4 …③、　問題5 …②、　問題6 …①

3 債権の一生

債権の発生から消滅までの流れを確認しましょう

時間軸

債権の発生 ➡ 債権の効力 ➡ 債権の移転 ➡ 債権の消滅

債権の発生

契約による
債権発生

その他の
債権発生原因
不法行為
不当利得
事務管理

債権の効力

問題となるもの
債務不履行
受領遅滞等

債権の移転

債権譲渡

債権の消滅

弁	済
代物弁済	
供	託
相	殺
更	改
免	除
混	同
時	効

契約総論

契約の成立
契約存続中の関係
契約の終了
解 除
契約終了後の関係

契約各論

贈 与
売 買
交 換
消費貸借
使用貸借
賃貸借
雇 用
請 負
委 任
寄 託
組 合
終身定期金
和 解
非典型契約

Chapter

2 親族・相続

イントロダクション

祖父　　祖母　　　　　　　　　　祖父　　祖母

父　　子　　母

　親族法は、大きく２つに分けることができます。１つは結婚について、もう１つは親子についてです。結婚と親子が親族法の中心となっているのは、家族の最小単位が、夫婦と子だからです。

　一方、相続法では、誰かが亡くなったとき、その人が持っていた財産をどのように分けるかについてのルールが中心になります。

　私たちに身近なテーマですから、状況をイメージしながら学習を進めてください。

達成度チェック 　正解した問題№を塗りつぶそう　**Chapter 2**　問題１　問題２

▶ 総合テキスト Chapter 38 親族法総説〜 Chapter 40 親子関係

1 ┃ 親　族

重要度
C

CASE 1

　Ｔ男さんとＭ子さんは、20年間一緒に暮らしていますが、婚姻届を出していません。

Chapter 1で説明した財産法と異なり、家族法は、家族に関する規律をまとめたものです。家族法は、家族における特定の地位、すなわち夫と妻、親と子というような身分関係を規律する親族法と、身分関係に基づく財産承継を規律する相続法とに分かれています。

1 婚姻とは

1 内 縁

CASE 1のT男さんとM子さんが、婚姻届を出さずに、夫婦のような生活をしている場合、この関係を内縁関係と呼びます。内縁とは、婚姻意思をもって共同生活を営み、社会的には夫婦と認められているにもかかわらず、法の定める届出手続をしていないため、法的には正式の夫婦と認められない関係のことです。婚姻意思とは、夫婦で共同生活を送る意思のことだと考えてください。

内縁関係の場合、相続なども発生しません。

2 婚姻の要件

では、T男さんとM子さんが、法的に結婚したと認められるためには、どうすればよいのでしょうか。それには、T男さんとM子さんの両方に、夫婦共同生活を送る意思があり、なおかつ婚姻届を出すことが必要です。

つまり、内縁も婚姻も一緒に暮らす意思があるのは同じですが、婚姻届を出したか否かという違いがあります。ですから、**意思と届出の2つがそろったとき、法律上の婚姻が成立**し、様々な法的効果が発生します。

3 婚姻の効果

結婚すると、同居義務・協力義務・扶助義務が生じます。そして、日本では、法的に夫婦別姓制度は採用されていませんので、夫婦で氏を共同にしなければならず、夫か妻の氏を名乗ることになります。

お金に関する義務としては、婚姻費用の分担義務があります。婚姻費用とは、夫婦が結婚して通常の社会生活を維持するのに必要な生計費のことです。また、

日常家事債務に関して夫婦は連帯して責任を負います（761条）。日常家事債務とは、夫婦が日常の夫婦生活において負担する債務のことです。

　例えば、M子さんが夫に内緒で、8K放送対応の80型テレビをA家電量販店（以下「A店」）で買ったとします。日常家事の範囲は、それぞれの家庭の事情によって異なりますが、テレビの購入が、M子さんの家庭にとって日常家事の範囲内のものであれば、M子さんがテレビの代金を払えなかった場合、A店は、夫であるT男さんに請求できます。このとき、T男さんは、「妻が勝手に買ったのだから知らないよ」とA店の請求を拒むことはできません。

2 婚姻の解消

　婚姻の解消には、当事者の死亡、失踪宣告、離婚があります。**夫婦の一方が死亡しただけでは姻族関係は解消されません**が、生存配偶者が姻族関係を終了する意思を表示すれば、姻族関係が終了します（728条2項）。なお、姻族とは、結婚を通じて配偶者の一方と他方の血族との間に生じる関係のことです。

　では離婚すると、どのような法的効果が発生するでしょうか。離婚をすると、結婚で氏が変わった者は、元の氏に戻るのが原則です（767条1項）。そして、財産分与を請求する権利が発生します（768条1項）。この財産分与請求権には、3つの要素があり、①**夫婦の財産関係の清算**、②**離婚に伴う損害の賠償**（慰謝料など）、③**離婚後、生活に困る配偶者の扶養**です。

　離婚するときに未成年の子どもがいれば、子どものために親権者を決めることが必要です。親権とは、未成年者が一人前の社会人になるまで養育し、子どもを監護教育し、その財産を管理することになる権利義務の総称です。

3 親　子

　子は、自然血族関係に基づく実子と、法定血族関係に基づく養子とに大きく分類できます。

1 実　子

　実子は、さらに嫡出子（婚姻関係にある夫婦から生まれた子）と非嫡出子（婚姻関係にない父母から生まれた子）とに分けられます。また、民法では、嫡出の推定を受ける子と推定の及ばない子で、父子関係を否定する手続を別にし

ています。

❷ 養　子

　血のつながりがないものの、法的に親子関係を生じさせるのが養子制度です。養子制度は、普通養子と特別養子とに分かれています。普通養子縁組では、実の親族関係は消滅しませんので、養子は、実方・養方双方との間に親族関係が生じます。これに対して、特別養子縁組では、実の親との関係が断絶します。そのため、特別養子が認められるためには、法律上厳しい条件が課せられています。

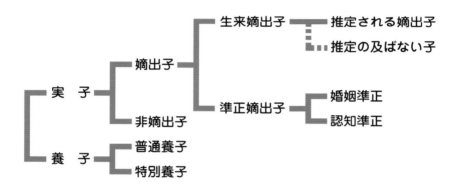

子は、民法では次のように分類されています

❸ 認　知

　父と非嫡出子との関係は、たとえ血のつながりがあったとしても、そのままでは、法的には親子関係のないまったくの他人として扱われます。

　そこで、このような場合に親子関係を発生させる制度として認知があります。認知とは、嫡出でない子と父（又は母）との間に、自発的な意思表示や裁判によって、親子関係を発生させるものです。

　民法では、父（又は母）がその意思に基づいて自発的に認知する任意認知と、子どもの認知の訴えによってなされる強制認知を定めています。任意認知は、届け出ることによって行います。強制認知は、これを認める判決によってその効力が生じます。

4 扶　養

扶養とは、ある人の生活を維持するために、これと一定の親族的身分関係にある者からなされる経済的給付のことです。

私たちは、本来自分の責任において生活を維持するのが原則ですが、1人では生活することができない者（要扶養者）に対して、一定の親族的身分関係にある者が、必要な生活資本を与える制度が、扶養なのです。

1番目に扶養義務がある者は、要扶養者の直系血族と兄弟姉妹のうち、経済的余力のある者です。

次に扶養義務がある者は、直系血族と兄弟姉妹以外の3親等内の親族のうち、特別の事情があるとして、家庭裁判所により扶養義務を負うとされた者です。

達成度チェック

Date　／　　Date　／　　Date　／

問題1　婚姻の成立要件として法律上必要とされているものはどれか？
　　　①二人の愛　②十分な資金　③結婚するぞという意思
　　　　　　　　　　　　　　　　　　　　　　　　　　　正解はP116

親族の範囲について、具体的なイメージをつかんでください

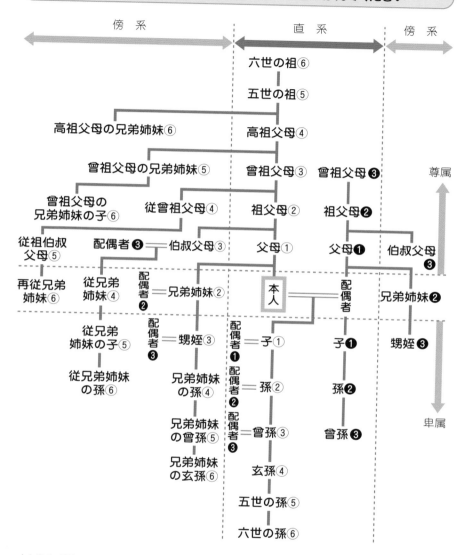

・白丸数字（①）は、血族とその親等をあらわす。　　・黒丸数字（❶）は、姻族とその親等をあらわす。

※ 直系とは、祖父母、父母、子、孫のように、ある者から見て血統が上下に直接的に連なるものをいう。
　 傍系とは、兄弟、おじ・おば、いとこのように、ある者と共同始祖を介して血統が連なるものをいう。
※ 尊属とは、自分より前の世代に属する者をいう。卑属とは、自分より後の世代に属するものをいう。
　 自分と同じ世代にある者（例えば、兄弟姉妹、いとこ）は、尊属でも卑属でもない。

2 相 続

重要度 **A**

> ## CASE 2
>
> 　田中さんのレストランの経営は軌道に乗り、1,200万円の財産を形成することができました。ところが、田中さんは、持病が悪化し、父田中光一、母田中花子、最愛の妻田中明子、子どもの一郎、次郎、幸子を残して、突然、遺言も残さずに死んでしまいました。田中さんの財産である1,200万円は、誰のものになるのでしょうか。

　私たちが権利を取得したり、義務を負うことになる原因には、これまで学んだ契約や、不法行為などのほかに、相続があります。

1 相続とは

　相続とは、特定の個人が死亡したときに、その者の有する権利・義務が、民法の規定に従って一定の者に引き継がれることをいいます。そして、相続される人（CASE 2 では田中さん）を被相続人と呼び、相続する人を相続人（誰が相続するかは、後で説明します）と呼び、被相続人の相続開始時の財産を相続財産と呼びます。

　被相続人が、自分の有する権利・義務の行方について、遺言を残している場合には、それに従って権利・義務の行方が決定されます。一方、被相続人が遺言を残していなかった場合には、以下で学ぶように、民法の規定に従って、権利・義務は相続人に引き継がれます。

2 遺 言

1 遺言とは

　遺言とは、わかりやすくいえば、人が自分の死後における身分上や財産上の権利や義務について意思表示をしている場合に、それが一定の方式を満たしていれば、死後にその効力を発生させるもののことです（985条）。

② 遺言ができる人

満15歳に達した者は、単独で遺言をすることができます（961条）。

③ 遺言の方式

遺言は、民法の定める方式に従わなければ、無効です。つまり、効力が生じません。

民法の定める方式には、普通方式として、①自筆 証 書遺言、②公正証書遺言、③秘密証書遺言、特別方式として、①危急時遺言、②隔絶地遺言という5つの方式がありますが、これらの中で、最も簡単にできるのが、自筆証書遺言です。

自筆証書遺言とは、遺言者（遺言する人）が、遺言書の全文、日付、氏名を自分で書き、これに押印するだけでできます。もっとも、自筆証書遺言は、偽造、滅失などのおそれがあります。

> 遺言について一定の方式が定められているのは、被相続人の意思を明確にして、遺産をめぐる争いが起こることを防ぐためです。

④ 遺留分

被相続人は、相続財産はそもそも自分の財産なので、例えば、「全財産は、お世話になったお隣さんにあげる」というように、遺言によって、好きなようにその財産を処分することができそうです。

しかし、遺族の期待を保護し、また、遺族の生活を保障する必要もあります。

そこで、被相続人による自由な財産の処分と、相続人の少なくとも最低限の財産は相続したいという思いのバランスをとった制度が遺 留 分制度です。これは、一定の相続人が、必ず相続財産の一定割合を相続できるように保障する仕組みになっています。

このように、被相続人は、一定割合の財産については、自由に処分できないのです。

③ 相続人

被相続人の配偶者は、常に相続人になります。さらに、被相続人に子がいる

場合には、子も相続人になります。被相続人に子がいる場合には、被相続人の直系尊属は相続人になりません。

CASE 2では、配偶者である明子さんと、子である一郎さん、次郎さん、幸子さんが相続人となります。田中さんの父母である光一さん、花子さんは、相続人となりません。

4 相続分

1 指定相続分

被相続人は、遺言で相続人の相続分を定めるか、第三者に委託することができます。

2 法定相続分

指定相続分がない場合には、法律で定める法定相続分に従います。

CASE 2では、配偶者と子が相続人の場合であるので、配偶者と子が、それぞれ2分の1ずつ相続権を有します。

したがって、まず、配偶者である明子さんは、600万円を相続します。

また、子も600万円を相続することになりますが、子は3人いるため、600万円を3人で均等に分配することになります。よって、一郎さん、次郎さん、幸子さんは、それぞれ200万円ずつ相続することになります。

達 成 度 チ ェ ッ ク

Date	Date	Date
/	/	/

問題2 **父親が死亡。その財産を相続する場合につき正しいのはどれか？**
　　　①妻と子ども2人で3等分する
　　　②父親の両親と妻と子どもが相続する
　　　③妻と子どもが相続する

正解はP116

Let's challenge!!

●これまで学習したことを、本試験問題で体感しよう!

問題1 **不動産の売買に関する次の記述のうち、正しいものはどれか。**

1　Aが17歳の時に、その法定代理人Bの同意を得ずにCにAの所有する不動産を売却した場合に、AおよびBは、Aが成年に達したときには、AC間の売買契約を取り消すことはできない。

2　被保佐人Aが、その保佐人Bの同意を得ずにCにAの所有する不動産を売却した場合に、AおよびBは、AC間の売買契約を取り消すことができる。

3　Aの所有する土地の上に、Aの所有する建物がある場合において、Aは、土地の所有権を自己に留保したまま、建物だけをBに売却することはできない。

4　権利能力なき社団Aが不動産を買い受けた場合において、Aは、法人に準じて扱われるので、登記実務上、A名義の登記が認められる。

5　AがBに対しAの所有する不動産を売却した後に、同不動産を重ねてCにも売却した場合において、B、Cのうち、同不動産の引渡しまたは登記の移転を先に受けた方がその所有権を取得する。

（平成16年度　問題25改題）

1　×　取消権は5年間の時効にかかるまでは原則として消滅しない（民法126条）。よって、未成年者が成人してもそれだけで直ちに取消権は消滅せず、Aは、AC間の売買契約を取り消すことができる。

2　○　被保佐人が保佐人の同意を得ることを要する行為につき同意を得ずしてなした場合には、これを取り消すことができる（同法13条4項）。不動産の売却は不動産に関する権利の得喪を目的とする行為であり、被保佐人がこれを

なすには保佐人の同意を得ることを要するから（同条1項3号）、被保佐人はこれを取り消すことができる（同法120条1項）。また、同意権者にも取消権が認められているから（同項）、保佐人も被保佐人の同意を得ないでなした行為を取り消すことができる。よって、A及びBは、AC間の売買契約を取り消すことができる。

3　×　建物は土地の定着物であるが、土地とは別の登記制度が設けられ、独立の所有権の客体である（同法370条参照）。よって、Aは、土地の所有権を自己に留保したまま、建物だけをBに売却することができる。

4　×　権利能力なき社団の資産はその社団の構成員に総有的に帰属しているのであって、社団自身が私法上の権利義務の主体となることはないから、社団の資産たる不動産についても社団はその権利主体となり得るものではなく、登記請求権を有しないと解されている（最判昭47.6.2）。よって、登記実務上、A名義の登記は認められない。

5　×　不動産の物権変動は、登記を対抗要件とする（同法177条）。よって、不動産の二重譲渡の優劣は登記の先後で決することになるから、AがBに対しAの所有する不動産を売却した後に、同不動産を重ねてCにも売却した場合において、B、Cのうち、不動産の登記の移転を先に受けたほうがその所有権を取得する。

以上により、正しいものは肢2であり、正解は2となる。

問題2 Aが甲建物（以下「甲」という。）をBに売却する旨の売買契約に関する次の記述のうち、民法の規定に照らし、正しいものはどれか。

1　甲の引渡しの履行期の直前に震災によって甲が滅失した場合であっても、Bは、履行不能を理由として代金の支払いを拒むことができない。

2　Bに引き渡された甲が契約の内容に適合しない場合、Bは、Aに対して、履行の追完または代金の減額を請求することができるが、これにより債務不履行を理由とする損害賠償の請求は妨げられない。

3　Bに引き渡された甲が契約の内容に適合しない場合、履行の追完が合理的に期待できるときであっても、Bは、その選択に従い、Aに対して、履行の追完の催告をすることなく、直ちに代金の減額を請求することができる。

4　Bに引き渡された甲が契約の内容に適合しない場合において、その不適合がBの過失によって生じたときであっても、対価的均衡を図るために、BがAに対して代金の減額を請求することは妨げられない。

5　Bに引き渡された甲が契約の内容に適合しない場合において、BがAに対して損害賠償を請求するためには、Bがその不適合を知った時から1年以内に、Aに対して請求権を行使しなければならない。

（令和3年度　問題33改題）

1　×　民法536条1項は、「当事者双方の責めに帰することができない事由によって債務を履行することができなくなったときは、債権者は、反対給付の履行を拒むことができる。」と規定している。本記述は、甲の引渡しの履行期の直前に震災によって甲が滅失していることから、当事者双方の責めに帰することができない事由によって債務を履行することができなくなったといえる。したがって、Bは、反対給付である代金の支払いを拒むことができる。

2　○　契約の不適合を理由に、履行の追完請求又は代金の減額請求をしたとしても、債務不履行に基づく損害賠償及び契約の解除権の行使が妨げられるわけではない（同法564条）。

3　×　同法563条1項は、「買主が相当の期間を定めて履行の追完の催告をし、その期間内に履行の追完がないときは、買主は、その不適合の程度に応じて代金の減額を請求することができる。」と規定している。本記述のような、「履行の追完が合理的に期待できるときであっても、債権者がその選択に従い、債務者に対して履行の追完の催告をすることなく、直ちに代金の減額を請求することができる」旨の規定は存在しない。

4　×　契約不適合責任について、その不適合が買主の責めに帰すべき事由によるものであるときは、買主は、代金の減額の請求をすることができない（同法563条3項）。

5　×　民法上、このような規定はない。なお、同法566条本文は、種類又は品質の不適合について、1年以内に通知をしなかった場合の制限規定であり、権利の消滅時効について定めたものではない。

以上により、正しいものは肢2であり、正解は2となる。

問題3 民法の規定によれば、離婚の財産上の法的効果として、離婚した夫婦の一方は、相手方に対して財産の分与を請求することができる。判例は、離婚に伴う財産分与の目的ないし機能には3つの要素が含まれ得ると解している。この財産分与の3つの要素の内容について、40字程度で記述しなさい。

（平成28年度　問題46）

（下書用）

【解答例①】婚姻中の共同財産の清算及び離婚後の一方の生計維持ならびに精神的損害の賠償を含む。(40字)

【解答例②】婚姻中の夫婦財産の清算、離婚後生活に困窮する配偶者の扶養、離婚に伴う慰謝料を含む。(41字)

　民法768条が規定する離婚に伴う財産分与請求には、①夫婦の実質的な共有財産の清算的要素、②離婚後、生活に困窮する配偶者に対する扶養的要素、③離婚によって精神的苦痛を受けた配偶者に対する慰謝料的要素が含まれると一般に解されている。

　財産分与請求に慰謝料的要素が含まれるかについて争いがあるが、判例（最判昭46. 7 .23）は、当事者双方の一切の事情を考慮して、財産分与の請求の相手方が離婚についての有責の配偶者であって、その有責行為により離婚に至らしめたことにつき請求者の被った精神的損害を賠償すべき義務を負うと認められるときには、右損害賠償のための給付をも含めて財産分与の額および方法を定めることもできると解すべきであるとして、慰謝料的要素を含めた財産分与の額及び方法を定めることができる場合があるとしている。

　したがって、離婚に伴う財産分与の目的ないし機能の3つの要素として、夫婦の共有財産の清算的要素、配偶者への扶養的要素、精神的苦痛への慰謝料的要素が含まれ得る。

行政書士事務所 ちょっと拝見

独立・開業し、活躍している実務家行政書士を紹介！

池尻亜希子行政書士事務所
行政書士　池尻亜希子先生

プロフィール

1976年東京都小平市生まれ

中学の同級生である元プロ野球選手が経営する「もつ鍋わたり」を手伝い、その後40歳を目前に行政書士試験を受験

2015年度　行政書士試験合格

2016年4月　「池尻亜希子行政書士事務所」を開業（司法書士歴30年の父と共同経営）

自己紹介

　野球が大好きで、幼少期は西武球場と後楽園球場へ通いました。名前の「亜希子」は、長嶋茂雄さんの奥様が由来です。名刺の裏に由来を記載することで、「行政書士の亜希子さん」と一発で覚えていただけています。東京都行政書士会杉並支部の行政書士先生方の社会貢献活動に感銘を受け、父の勧めもあり、行政書士を目指しました。

　士業は、国から資格を与えられてその業務を行っています。依頼を受けて行政書士の独占業務を行うことはもちろんですが、社会貢献活動はとても大事なものですので、無料相談会や小学校への出前授業など社会貢献活動も続けていこうと思っています。

主な取扱業務

　建設業、宅建業、産廃業、フロン充填回収業等の許認可業務を中心に行っています。最近は事業承継や相続問題も取り扱っています。

行政書士の魅力

　今回新型コロナ禍の中で「行政書士である私たちは、はたして何ができるだろうか？」と考えました。許認可業務は当然ながら、自治会等の規約や定款を見直し、書面決議等ができるように改正したり、補助金や助成金を調べて、当てはまるものをご提案することもできます。事業再構築のためのお手伝いもできます。身近なところにも行政書士業務はたくさんあります。そして、求めている方が大勢いらっしゃいます。AIにはまだまだ負けない業種だと思います。また、どの士業に相談したらよいかわからない、そんな時に他士業との橋渡し等ハブになることができるのが、行政書士の大きな魅力だと思います。

ある日の１日のスケジュール

05：00　起床

06：00　勉強開始

08：00　勉強終了

09：00　官公署に申請・届出

13：00　書類作成
　　　　　　官公署へ行き証明書等取得

15：00　書類作成

17：00　お客様訪問

19：00　書類作成

21：00　地域の夜のパトロール

23：00　読書

24：00　就寝

行政書士試験 受験勉強のポイント！

時間がない!?

　資格試験合格を目指すにあたり、どのくらい勉強時間を確保すればよいのか、1日どのくらい学習をすればよいのか、気になることでしょう。

　行政書士試験の受験生の約8割は30歳代以上です。つまり学習に専念できる状態にあるのは一部の受験生のみで、ほとんどの受験生は仕事や家事などと両立させて勉強をしています。まとまった学習時間が取れないのは合格者も同じです。

　では、どのように学習時間を確保していけばよいのでしょうか。

　知識を吸収する「インプット」は、集中できる環境でじっくりと行いたいものです。そのためにもインプットには絶対的な時間とインプットに適した空間が必要になります。例えば図書館や落ち着いたカフェなどです。ですが、社会人受験生が週に何度も集中できる環境でじっくりと学習を行うのは難しいと思われます。そこでインプットは週に2回程度にして、集中して行うことをお勧めします。

　次に、インプットを行ってもそのままでは試験に対応できる学力はつきません。インプットしたことは、必ず復習しなくてはなりません。この「復習」はインプットほど集中できる環境やまとまった時間がなくとも行えるのがメリットなので、ここが時間のない受験生の力の見せどころとなります。

　さらに「復習」は優先順位をつけて行うことで、少ない時間でも効率的に力をつけていくことができます。優先順位を高めて復習すべきところは、「原則」とされるところです。その法の制度がまず行いたいこと（原則）を知識として積み上げていくことが大切です。一度にあれもこれもと欲張るのではなく知識を少しずつ重ねていくイメージを持って復習を進めることで、時間をかけずに力をつけることができるようになります。

　最後に肝心な「記憶」についてですが、記憶することを苦手とする方は多いようです。「記憶」は、繰り返しアプローチすることで少しずつ精度の高い記憶になっていきます。「インプット」も行い、「復習」も行い、その上「記憶」の時間までとるなんて、時間がいくらあっても足りないと感じられるかもしれません。しかし、「記憶」は想起、つまり思い出すことで定着させることができます。

　さて、思い出すという学習に場所は必要でしょうか。思い出す学習（想起学習）に空間は必要ありません。通勤電車内でも、家事をしている最中でも、行うことができるのです。どこでもいつでも、意識したときに行える学習が想起学習です。

　このように受験勉強を「インプット」「復習」「記憶」で分類してみると、どこに意識をして学習計画を立てるとよいかが見えてくると思います。環境や方法を手に入れれば、時間がなくとも学習を継続し、合格を手にすることができます。

Part 3

商法入門

達成度チェック表

正解した問題の数だけ下のマスを塗りつぶそう！
弱点科目がわかるよ！

| 科目 | | あと一歩！ | | 理解十分！ | 問題数 |

憲法
　　　　　　　　3　　　　　　6　　**6**

民法
　　　　　　　　4　　　　　　8　　**8**

商法
　　　　　　　　3　　　　　　6　　**6**

行政法
　　　　　　　　8　　　　　　16　　**16**

基礎法学
　　　　　　　　2　　　　　　3　　**3**

基礎知識
　　　　　　　　6　　　　　　11　　**11**

イントロダクション

　会社とは、複数の人が共同で事業を営む団体のことで、会社法によって認められています。会社法は、このように会社の設立や組織、運営などを規律する法律です。

　会社法の目的は、企業の健全な秩序ある発展で、これには2つの意味があります。まずは、企業が発展して、お金儲けをしやすくするということ。そして、その発展が、健全な秩序によるものであるということです。では、見ていきましょう！

達成度チェック　正解した問題No.を塗りつぶそう　Chapter 1　問題1　問題2　問題3

▶総合テキスト Chapter 2 会社法総論 **1** **4**

1 ┃ 株式会社

重要度 **B**

　Part 2で学んだ民法は、個人相互の私的生活関係を、権利とそれに対応する義務という概念を用いることによって規律していました。

　それでは、まず法律上の権利を持ったり、義務を負うことができるのが誰な

のかを考えてみましょう。

　個人ではなく、会社にもあるのでしょうか。

1 法　人

　法律上の権利・義務の主体になれるのは、私たちのような自然人（人間）と法人に限られます。

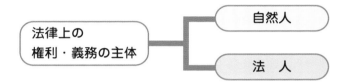

　法人とは、自然人以外で、法律によって、法律上の権利・義務の主体となることを認められたもので、典型的なのが、CASE 1 に登場する株式会社です。

　そして、この権利・義務の主体になることができる資格を、権利能力と呼びます。

　したがって、法律によって権利能力が認められた場合、会社そのものが、法律上の権利・義務の主体となることができるのです。

民法でも契約のところで権利・義務の主体の話が出てきましたね。犬などの動物は、権利・義務の主体になれませんが、法人はなれるのです。

2 株式会社

CASE 1

　レストランを営業するK子さんは、新たに支店を設けようと考えました。

　そこで、Yさんが所有する駅前の土地を借りようとしたところ、Yさんから「会社が相手ならば土地を貸すけれども、個人が相手では貸すつもりはない」と告げられてしまいました。

　そこで、K子さんは、この際、今までのようにレストランを個人で営業するのをやめ、株式会社をつくってレストランの営業をすることを決意しました。

株式会社は、大きなリスクのある事業を行うことを可能にするための、大規模経営をも予想した共同企業形態です。

　現実には、日本の株式会社のほとんどが小規模な会社です。これは、個人で事業を行うよりも、会社をつくって事業を行ったほうが納める税金が少なくてすむので、小規模な会社でもいいから、とりあえずつくってしまおうと考える人が多いからです。

　また、不動産の物件案内などを見ていると、法人契約希望などと書かれている物件が目につくように、会社のほうが個人よりも信用されているという風潮もあるからでしょう。

　株式会社では、株式会社の<ruby>出資者<rt>しゅっししゃ</rt></ruby>（<ruby>株主<rt>かぶぬし</rt></ruby>）は、**会社の債権者に対しては、何の責任も負いません。** 会社法では、この出資者のことを「社員」といいます。したがって、例えばCASE 1では、K子さんがつくった株式会社が、お金を借りて返さなかったとしても、その債権者は株式会社の出資者（株主）に対しては、「貸したお金を返してください」とは言えないのです。

達成度チェック

Date ／	Date ／	Date ／

問題1　**会社法における「社員」の意味として正しいものはどれか？**
　　　①会社の従業員　②会社の出資者　③会社の経営者

正解はP133

　法人である株式会社は、自然人と異なり、自然の存在ではないため、どのように株式会社をつくるのか（設立と呼びます）、つくったあとどのように運営されていくのかなどについて、会社法に規定されています。
　試験に合格して、行政書士として働き始めると、会社設立に関する相談は非常に多いので、会社設立についての正確な理解が重要になります。そこで、次からは、何種類かある会社の1つである株式会社の設立について学ぶことにします。その前に、まずは、会社法について簡単に見てみましょう。

2 株式会社のつくり方

重要度 **A**

1 会社法の大きなポイント

1 有限会社を新たに設立することはできない

会社法では、**有限会社が廃止されました**。そのため、今後は有限会社を新たに設立することはできません。

会社法の施行時にすでに設立されていた有限会社は、会社法施行後、会社法上の株式会社として存続することとなりました。

2 1円で株式会社が設立できる

会社法が成立する以前は、株式会社の設立には、原則として、1,000万円（最低資本金）以上の出資が必要とされていました。

会社法では、この設立時の出資額規制が撤廃されたため、**1円の出資で株式会社を設立することができる**ようになりました。

「出資」とは、社員が会社の設立などの際に、お金などを会社に対して給付することをいいます。

3 人数合わせのための役員は不要

会社法が成立する以前は、株式会社には、取締役が3人以上と監査役が1人以上必要でした。そこで、取締役や監査役になろうとする人がいない中小の株式会社では、人数合わせのためだけの取締役や監査役が存在していました。

会社法では、一定の場合には、**取締役は1人でよい**ことになり、**監査役も一定の場合を除き、置かなくてよく**なりました。これによって、人数合わせのためだけの取締役や監査役が不要になりました。

Part3 商法入門

2 会社の設立

　株式会社を設立する方法には、発起人（意味については、すぐ後で述べます）のみが出資者となる方法（発起設立）と、発起人以外の者も設立に際して出資者となる方法（募集設立）があります。

　発起設立は、人的関係のある少数の発起人だけで会社を設立する方法であるのに対し、募集設立は、発起人のほかに、人的関係のない多数の出資者を加えて会社を設立する方法です。

　CASE 1 でのK子さんが、発起設立の方法で、出資額は1円で、取締役は1人、監査役を置かない株式会社を設立するものとして、株式会社の設立についてイメージをつかんでみましょう。

❶ 発起人を決める

　株式会社の設立手続を行うのは、主に発起人なので、まずは、発起人を決めなくてはなりません。

　発起人とは、会社設立の企画者として、会社内部の基本ルールである定款に署名した者のことです。簡単にいえば、「会社をつくりましょう」と言った人と、「それはいい。つくりましょう」と会社を設立することに賛成した人のことで、発起人は1人でも構いません。

　CASE 1 では、K子さんが発起人にあたります。

定款に署名していなければ、たとえ設立の企画をした者でも発起人とはなりません。

❷ 会社の名前と設立目的を決める

　発起人を決めたら、次は、会社の名前と設立の目的を決めなくてはなりません。

1　会社の名前

会社の名前のことを商号（しょうごう）と呼びます。

商号は、**原則として自由**に決めることができます。ですから、例えば野菜類の仕入れと販売を業務とする株式会社が、「株式会社○○鮮魚店」という、魚屋さんのような商号を選んでも構いません。

このあとの説明を進めるために、**CASE 1** では、発起人のK子さんが、商号を「T食堂株式会社」と決めたことにします。

2　設立の目的

設立の目的を決めるということは、どのような業務を行うのかを決めるということです。

設立の目的は、定款に記載されて登記されます。会社は、定款に記載された目的以外の業務をすることができません。設立の目的として、例えば「飲食店の経営」、「衣料品及び装飾品の販売」、「インターネットサービス及びプロバイダの業務」などが挙げられます。

CASE 1 では、発起人であるK子さんは、設立の目的を、①飲食店の経営、②食料品の販売、③前述①、②に付帯する一切の業務と決めたことにします。

❸ 印鑑を作成する

設立登記の際には、会社印（かいしゃいん）が必要になるので、会社印を作成します。

なお、定款を作成する際には、発起人の個人の印鑑が必要になります。

❹ 定款を作成し認証を受ける

会社法第26条

1　株式会社を設立するには、発起人が定款を作成し、その全員がこれに署名し、又は記名押印しなければならない。
2　前項の定款は、電磁的記録（略）をもって作成することができる。この場合において、当該電磁的記録に記録された情報については、法務省令で定める署名又は記名押印に代わる措置をとらなければならない。

> 第26条第1項の定款は、公証人の認証を受けなければ、その効力を生じない。

　定款とは、**会社内部の基本ルール**、すなわち、株式会社の組織と活動に関する根本規則です。発起人が定款を作成し、その全員が、署名又は記名押印します（26条1項）。

　定款には、①目的、②商号、③本店の所在地、④設立に際して出資される財産の価額又はその最低額、⑤発起人の氏名又は名称及び住所を、必ず記載しなければなりません（27条）。

　具体的には、定款とは、次のようなもの（定款の抜粋）です。

Ｔ食堂株式会社定款
第1章　総則

（商号）
第1条　当会社は、Ｔ食堂株式会社と称する。

（目的）
第2条　当会社は、次の事業を営むことを目的とする。
　1．飲食店の経営
　2．食料品の販売
　3．前各号に付帯する一切の業務

（本店の所在地）
第3条　当会社は、本店を甲県Ａ市に置く。

以下略

　定款を作成したら、次は、公証役場（契約や遺言などの公正証書を作成したり、文章などに認証を付すること等を仕事とする公証人がいる場所のこと）で、定款の認証を受けなくてはなりません（30条1項）。

　定款の認証を受けるときは、定款に貼る印紙代40,000円と、定款の認証手数料50,000円の合計90,000円が必要となります。もっとも、電子公証制度

を利用すれば、定款に貼る印紙代が不要となるので、40,000円を節約することができます。

5 出資金を払込取扱機関に払い込む

1　発起人は、設立時発行株式の引受け後遅滞なく、その引き受けた設立時発行株式につき、その出資に係る金銭の全額を払い込み、又はその出資に係る金銭以外の財産の全部を給付しなければならない。ただし、発起人全員の同意があるときは、登記、登録その他権利の設定又は移転を第三者に対抗するために必要な行為は、株式会社の成立後にすることを妨げない。

2　前項の規定による払込みは、発起人が定めた銀行等（略）の払込みの取扱いの場所においてしなければならない。

定款を作成し、認証を受けたあとには、出資金を払込取扱機関（銀行など）に払い込む必要があります。

発起人は、1人につき最低1株以上の株式を引き受けなければならないので、まず、発起人が何株を引き受けるのかを決定します。

「株式」とは、簡単にいえば、小さな単位に分けられた株式会社における出資者としての地位のことです。

その後、発起人は、引き受けた株式数に相当する金額を、払込取扱機関（銀行など）に払い込みます。

会社法成立以前は、株式会社の設立には、会社の債権者を保護するために、1,000万円（最低資本金）以上の出資が必要とされていました。

しかし、最低資本金が、ベンチャー企業等の設立の障害となっているとの指摘がなされていました。そこで、会社法では、最低資本金が廃止されました。

このため、株式会社の設立には、1,000万円以上の出資が不要となり、たとえ1円の出資であったとしても、株式会社が設立できるようになりました。

CASE 1 では、発起人のみが出資者となる発起設立の方法で会社を設立し、

発起人はK子さんだけなので、K子さんがすべての株式を引き受けることになります。そして、K子さんは、引き受けたすべての株式数に該当する金額である1円を、払込取扱機関（銀行など）に払い込むことになります。

⑥ 設立時取締役を選任する

会社法第38条1項

> 発起人は、出資の履行が完了した後、遅滞なく、設立時取締役（略）を選任しなければならない。

　出資金を払込取扱機関に払い込んだあと、発起人は、設立時取締役（せつりつじとりしまりやく）を選任しなければなりません。

　発起設立の場合、設立時取締役は、定款で定めるか、定款で定めない場合は、発起人による出資の履行後、引き受けた株式の議決権をもって選任されます（38～40条）。

　CASE 1の場合、K子さんは、定款で設立時取締役を自分に定めていたものとします（K子さんは取締役が1人の株式会社を設立しますが、この場合、設立時取締役も、1人で構いません）。

　設立時取締役であるK子さんは、選任されたあと、遅滞なく、出資の履行が完了しているかなどについて、調査しなければなりません（46条）。

> 設立時取締役は会社が成立したあとは、取締役となります。

⑦ 登記申請をする

会社法第49条

> 株式会社は、その本店の所在地において設立の登記をすることによって成立する。

　最後に、**設立登記をする**ことで、**株式会社が成立し**（49条）、設立手続は終

了します。

　設立登記の際には、登録免許税を納付しなければなりません。**CASE 1** で、Ｋ子さんは１円の出資で株式会社を設立しますが、１円の出資で株式会社を設立する場合には、150,000円の登録免許税が必要となります。

用語　ちょっと解説　**登録免許税**

　　登録免許税法に基づき、登記、登録、特許、免許、許可、認可、指定及び技能証明について、これらの登記等を受ける者を納税義務者として課される税。

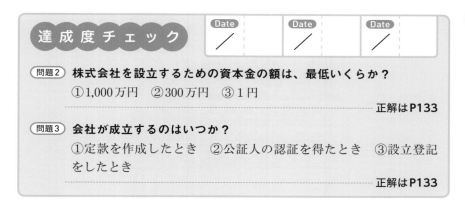

達 成 度 チ ェ ッ ク

Date	Date	Date
/	/	/

問題2　**株式会社を設立するための資本金の額は、最低いくらか？**
　　①1,000万円　②300万円　③１円
　　　　　　　　　　　　　　　　　　　　　　　　　　　正解はP133

問題3　**会社が成立するのはいつか？**
　　①定款を作成したとき　②公証人の認証を得たとき　③設立登記をしたとき
　　　　　　　　　　　　　　　　　　　　　　　　　　　正解はP133

達 成 度 チ ェ ッ ク　解答

問題1 …②、　問題2 …③、　問題3 …③

商法総則・商行為

　商法は、取引のルールを定めるという点では民法と共通します。しかし、一般の消費者どうしの取引と、企業をめぐる大量・継続的な取引とをまったく同じルールで規律するのでは、不都合が生じます。そこで、民法を修正して、企業をめぐる取引のルールを定めたのが商法です。

達 成 度 チ ェ ッ ク　　正解した問題No.を塗りつぶそう　　Chapter 2　問題1　問題2　問題3

▶総合テキスト Chapter 1 商法総則・商行為 **1**

1 ┊ 商法の意義

重要度
C

　商法は、企業に関する法です。ここでの企業とは、広く営利目的で継続的な活動をするものを指します（個人企業、会社など）。営利目的とは、経済活動に

より利益をあげる目的のことで、簡単にいうとお金儲けのことです。

　すなわち、商法は、営利目的で経済活動を行う企業を規律する法律です。

▶総合テキスト Chapter 1　商法総則・商行為 **1** **2**

2 ｜ 商行為

重要度
A

1 商行為の特則

　商行為では、民法と異なった効果が認められています。それには、次のようなものがあります。

① 商行為の代理については、顕名がなくても、原則として代理人の行為の効果が本人に帰属する（504条、民法99条1項参照）。

② 商行為の委任による代理権は、本人の死亡によっては消滅しない（506条、民法111条1項1号参照）。

2 商行為とは

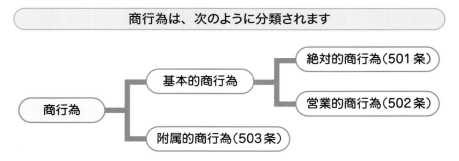

商行為は、次のように分類されます

```
商行為 ─┬─ 基本的商行為 ─┬─ 絶対的商行為（501条）
        │                 └─ 営業的商行為（502条）
        └─ 附属的商行為（503条）
```

1 基本的商行為

　行為の性質に着目して、誰が行っても商行為として取り扱うべき行為を基本的商（き ほん）行為（てきしょうこう い）といいます。基本的商行為には、絶対的商行為（ぜったいてきしょうこう い）と営業的商行為（えいぎょうてきしょうこう い）があります。

絶対的商行為（501条）	行為の性質から、当然に商行為となる行為をいう。
営業的商行為（502条）	営業（営利の目的をもって、反復継続して行うこと）としてなされるときに、はじめて商行為となる行為をいう。

例えば、絶対的商行為は、転売目的で不動産を取得する行為やそれを転売する行為であり、営業的商行為は、賃貸目的で不動産を取得する行為やその賃貸をする行為などを指しています。

2 附属的商行為（503条）

　附属的商行為（ふ ぞくてきしょうこうい）とは、商人が営業のためにする行為のことをいいます。その行為だけを見ると、必ずしも営利性があるとはいえなくても、営業の手段となるような行為ですから、商行為としています。

達 成 度 チ ェ ッ ク

 Date ／ Date ／ Date ／

問題1 商行為について、民法と異なった効果が認められるのはどれか？
　　①代理　②法定利率　③消滅時効
　　　　　　　　　　　　　　　　　　　　　　　　　　正解はP141

問題2 営利の目的をもって、反復継続して行うこととしてなされるときに、はじめて商行為となる行為は、どの種類の商行為か？
　　①絶対的商行為　②営業的商行為　③附属的商行為
　　　　　　　　　　　　　　　　　　　　　　　　　　正解はP141

3 商法総則

重要度
A

1 商 人

　商人には、固有の商人（４条１項）と擬制商人（同条２項）の、２種類があります。

　固有の商人とは、自分の名前で商行為をすることを業としている人（営利の目的で、反復継続して行う）をいいます。

　一方の擬制商人とは、固有の商人でない者で、店舗その他これに類似する設備によって物品の販売をする人や、鉱業を営む人のことをいいます。これらの者も、商人として扱われます。

　なお、会社は商人ですが、**会社には商法の特別法である会社法（会社法総則など）が適用されます。**したがって、**商法総則は、会社には適用されず会社以外の商人に適用される**のです。

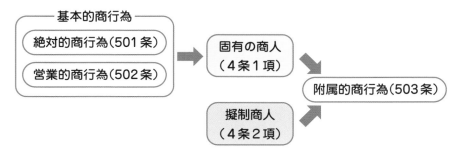

商人と商行為の関係は、次のようになっています

基本的商行為
- 絶対的商行為（501条）
- 営業的商行為（502条）

固有の商人（４条１項）

擬制商人（４条２項）

附属的商行為（503条）

2 商業登記

　私たちが、商人と取引する場合に、その人の重要な情報を知っていれば、安心して取引をすることができます。こうした要請に応えるために、商業登記制度が定められています。

Part3 商法入門

3 商　号

　商号とは、商人がその営業上、自分のことを言うための名称をいいます。

　商人は、営業の実体にかかわらず、自由に商号を選ぶことができます（商号選定自由の原則　11条1項）。

　しかし、詐欺のためとか、人をだますというような不正の目的をもって、他の商人であると誤認させるおそれのある名称や商号を用いることはできません（12条）。

4 営業譲渡

　商法上、営業という言葉には2つの意味があります。

　1つは、商人の営利活動という意味の営業です。

　もう1つは、商人が営利活動を行うことを目的として有している、ひとかたまりの財産という意味の営業です。この意味の営業には、動産・不動産・債権などの財産権だけでなく、得意先やノウハウなども含まれます。

　後者の意味の営業を移転することを目的とする契約を、営業譲渡といいます。

5 商業使用人など

　商業使用人とは、雇用契約によって特定の商人（営業主）に従属し、企業の内部で働いて、業務を補助する人のことをいいます。**支配人は、この商業使用人にあたります。**

　これに対して、企業の外部から独立して補助する者として、代理商があります。

達　成　度　チ　ェ　ッ　ク

Date ／　　Date ／　　Date ／

問題3　**自己の名をもって商行為をなすことを業とする者を何というか？**
　　　①商業使用人　②固有の商人　③擬制商人

正解はP141

4 民法と異なる規定

重要度 B

CASE 1

ある日、Ｔ食堂株式会社の従業員が、いつものように、食材の牛肉を仕入れるために、日頃から牛肉の取引をしている馴染みのＹ精肉店に、「牛肉10キログラムを、明日の13時までに、いつものように届けてください」とFAXで注文しました。

しかし、Ｙ精肉店からは、「わかりました。売りましょう」とも「いいえ、売りません」とも何の返事もありません。

商法第509条

1　商人が平常取引をする者からその営業の部類に属する契約の申込みを受けたときは、遅滞なく、契約の申込みに対する諾否の通知を発しなければならない。
2　商人が前項の通知を発することを怠ったときは、その商人は、同項の契約の申込みを承諾したものとみなす。

❶ 民法と異なる規定

すでに説明したとおり、民法上は、申込みと承諾の２つの意思表示が合致することによって契約が成立します。

では、CASE 1 の場合、Ｔ食堂株式会社の従業員が、馴染みのＹ精肉店に「牛肉10キログラムを、明日の13時までに、いつものように届けてください」とFAXで注文して（申込みにあたります）、Ｙ精肉店が「わかりました。売りましょう」と返事（承諾にあたります）をしない限り、牛肉10キログラムの売買契約は成立しないのでしょうか。

Ｔ食堂とＹ精肉店は、日頃から肉の取引をしているので、Ｔ食堂の従業員は、「牛肉10キログラムを、明日の13時までに、いつものように届けてください」とFAXで注文したら、たまたま、その日に限って何の返事がなかったとしても、承諾がなされたと信頼するのが通常でしょう。

Part3
商法入門

そこで、商法509条は、そのような信頼を保護するため、こういう場合でも、売買契約が成立すると規定しています。

　したがって、**CASE 1** の場合は、売買契約が成立します。ですから、Ｔ食堂は、代金を支払わなければなりませんし、Ｙ精肉店は、牛肉10キログラムを、時間までに届けなければならないのです。

　なぜ、こんなふうに、商法では、民法と異なった規定が設けられているのでしょうか。商法は、Ｙ精肉店のような、営利行為を継続的かつ計画的に行う独立した経済主体(きぎょう)(企業のことです)に関する法です。今のところ、企業とは、利益をあげることを目的にして、継続的な活動をしているものとイメージしてください。

　企業は、利益をあげることを目的としていますから、集団的・反復的に取引を行わなければなりません。そのためには、円滑で確実な取引が迅速に行われることが必要です。

　このような理由から、企業の取引について規定する商法には、民法とは異なる規定が設けられているのです。

このように同じ取引に対して、民法と商法で異なる取扱いをする場合があります。では、どのようなときに商法が適用されるのでしょうか。
ただ商取引をする企業に適用されるというだけでは、抽象的すぎますよね。
そこで、民法と商法のどちらが適用されるかを、明確に判断のできる基準が必要になります。それが、商法の適用範囲の問題です。

2 商法の適用範囲

　前項のように、同じようなケースでも、商法と民法の、どちらが適用されるかによって差が生じます。多くの場合、商法が適用されるのは、「商人」(しょうにん)(Ｙ精肉店は商人にあたります)と「商行為」(例えば、肉を安く買って、高く売るような行為)についてです。

　「商人」や「商行為」についての詳しい内容は、いずれ学習するとして、現時点では、**商法には、企業の取引について、民法とは異なる規定が設けられて**

いるということ、その**商法が適用されるかどうかを決めるのは、「商人」と「商行為」である**ということを理解しておいてください。

▶総合テキスト Chapter 1 商法総則・商行為 **1**

5 ┊ **商法のまとめ**

重要度
C

　Chapter 1の**CASE 1**で、K子さんは、株式会社をつくってレストランの営業を開始しました。営業開始後は、本Chapterの**CASE 1**のように、売買契約を結んで食材を仕入れたり、金銭消費貸借契約を結んで営業の資金を調達したり、売買契約を結んで仕入れた食材の代金を現金の代わりに小切手で支払ったりといったように、商売を行っていく上で、様々な人とかかわっていくことになります。

　商売における人とのかかわりを円滑に処理するためには、それを規律する法律が必要です。それが**商法**や**会社法**なのです。試験科目としての商法には、①<ruby>商 法総則<rt>しょうほうそうそく</rt></ruby>・<ruby>商 行為<rt>しょうこうい</rt></ruby>、②<ruby>会社法<rt>かいしゃほう</rt></ruby>、の２つの主要な分野があり、試験で特に重要なのが**会社法**です。

達 成 度 チ ェ ッ ク **解答**

問題1 …①、 問題2 …②、 問題3 …②

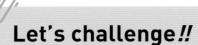

Let's challenge !!

● これまで学習したことを、本試験問題で体感しよう!

問題1 株式会社の設立等に関する次のア～オの記述のうち、会社法の規定に照らし、正しいものの組合せはどれか。

ア　発起設立または募集設立のいずれの場合であっても、各発起人は、設立時発行株式を1株以上引き受けなければならない。

イ　株式会社の設立に際して作成される定款について、公証人の認証がない場合には、株主、取締役、監査役、執行役または清算人は、訴えの方法をもって、当該株式会社の設立の取消しを請求することができる。

ウ　現物出資財産等について定款に記載または記録された価額が相当であることについて弁護士、弁護士法人、公認会計士、監査法人、税理士または税理士法人の証明（現物出資財産等が不動産である場合は、当該証明および不動産鑑定士の鑑定評価）を受けた場合には、現物出資財産等については検査役による調査を要しない。

エ　株式会社が成立しなかったときは、発起人および設立時役員等は、連帯して、株式会社の設立に関してした行為について、その責任を負い、株式会社の設立に関して支出した費用を負担する。

オ　発起設立または募集設立のいずれの場合であっても、発起人は、設立時発行株式を引き受けた発起人または設立時募集株式の引受人による払込みの取扱いをした銀行等に対して、払い込まれた金額に相当する金銭の保管に関する証明書の交付を請求することができる。

1　ア・ウ　　2　ア・エ　　3　イ・エ
4　イ・オ　　5　ウ・オ

（令和2年度　問題37）

ア　○　会社法25条2項は、「各発起人は、株式会社の設立に際し、設立時発行株式を1株以上引き受けなければならない。」と規定している。当該規定は、株式会社の設立についての総則規定であるから、発起設立又は募集設立のいずれにおいても適用される。

イ × 株式会社の設立に際して作成される定款は、公証人の認証を受ける必要が
あるところ（会社法30条1項）、当該認証を受けていないことは、設立無効
原因になると考えられている。したがって、株式会社の設立の取消しを請求
するわけではない。なお、株式会社の設立の取消しという制度は法定されて
いない。

ウ ○ 発起人は、定款に現物出資財産等についての記載又は記録があるときは、
公証人の認証の後遅滞なく、当該事項を調査させるため、裁判所に対し、検
査役の選任の申立てをしなければならない（同法33条1項、28条1号）。も
っとも、「現物出資財産等について定款に記載され、又は記録された価額が
相当であることについて弁護士、弁護士法人……、公認会計士……、監査法
人、税理士又は税理士法人の証明（現物出資財産等が不動産である場合にあ
っては、当該証明及び不動産鑑定士の鑑定評価。……）を受けた場合」には、
検査役による調査を要しない（同法33条10項柱書、同項3号）。

エ × 同法56条は、「株式会社が成立しなかったときは、発起人は、連帯して、
株式会社の設立に関してした行為についてその責任を負い、株式会社の設立
に関して支出した費用を負担する。」と規定している。したがって、責任を
負うのは発起人であり、設立時役員等が責任を負うわけではない。

オ × 同法64条1項は、「第57条第1項の募集をした場合には、発起人は、第34
条第1項及び前条第1項の規定による払込みの取扱いをした銀行等に対し、
これらの規定により払い込まれた金額に相当する金銭の保管に関する証明書
の交付を請求することができる。」と規定している。本条は、募集設立に関
する規定であり、発起設立には適用されない。したがって、本記述は、「発起
設立または募集設立のいずれの場合であっても」としている点が誤りである。

以上により、正しいものの組合せは肢1であり、正解は1となる。

問題2 商人でない個人の行為に関する次のア～オの記述のうち、商法の規定お
よび判例に照らし、これを営業として行わない場合には商行為とならない
ものの組合せはどれか。

ア 利益を得て売却する意思で、時計を買い入れる行為

イ 利益を得て売却する意思で、買い入れた木材を加工し、製作した机を売

却する行為

ウ　報酬を受ける意思で、結婚式のビデオ撮影を引き受ける行為

エ　賃貸して利益を得る意思で、レンタル用のＤＶＤを買い入れる行為

オ　利益を得て転売する意思で、取得予定の時計を売却する行為

1　ア・イ
2　ア・エ
3　ウ・エ
4　ウ・オ
5　エ・オ

（令和３年度　問題36）

※　○：商行為となる　　×：商行為とならない

ア　○　商法501条柱書は、「次に掲げる行為は、商行為とする。」としており、商人でなくても、また営業として行わなくても商行為となる絶対的商行為について規定している。そして、同条１号は、「利益を得て譲渡する意思をもってする動産、不動産若しくは有価証券の有償取得又はその取得したものの譲渡を目的とする行為」を掲げている。

イ　○　判例は、他から取得した物を製造加工した上で売却する行為も、同法501条１号の「利益を得て譲渡する意思をもってする動産、不動産若しくは有価証券の有償取得又はその取得したものの譲渡を目的とする行為」に該当するとしている（大判昭４．９.28）。

ウ　×　記述ウの行為は、同法501条の絶対的商行為には該当しない。

エ　×　記述エの行為は、営業としてするときは、商行為に該当する（同法502条１号）が、営業としてしないときは、商行為には該当しない（同法501条）。

オ　○　同法501条柱書は、「次に掲げる行為は、商行為とする。」としており、商人でなくても、また営業として行わなくても商行為となる絶対的商行為について規定している。そして、同条２号は、「他人から取得する動産又は有価証券の供給契約及びその履行のためにする有償取得を目的とする行為」を掲げている。

以上により、商行為とならないものの組合せは肢３であり、正解は３となる。

行政書士の仕事

行政書士のイメージ

　「行政書士」と言われたときに、何が思い浮かぶでしょうか。

　古くは「代書屋」という言葉がありましたから、「書類作成のプロ」と思う人も多いと思います。あるいは、マンガやドラマのイメージから、「法律家の仲間」と考える人もいるかもしれません。

　いずれも正解です。

　しかし、代書といっても、識字率の高い現代では、字を書けない人に代わって書類を作成するということはまずありません。むしろ、行政書士が作成する書類は、専門性の高い、つまり法律の知識がなければ、なかなか上手に書くことのできない書類です。だから法律家の仲間なのです。

　ここでもう少し具体的に想像してみましょう。どのようなときに、専門性の高い書類を作成する必要性が出てくるのでしょうか。

　例えば、ある人がこれまで勤めてきた会社を辞めて独立をしようと考えた。その人は、長年趣味にしてきた料理の腕をもって、自分で飲食店を経営したいと考えた。せっかくだから、この際、会社形態でつくりたいと考えた、とします。

　この場合、飲食店の営業許可が必要になりますし、会社の設立や定款の作成など、一定の手続が必要になります。そのとき、「お役に立ちますよ」「手助けしますよ」と言って関係してくるのが行政書士なのです。

　行政書士の仕事は、このような多くの依頼人の人生の岐路に立ち会うことになるのです。

　書類を作成するとか、法律を駆使するとか、抽象的な言葉だけでは、その仕事の意義を感じることができなくても、具体的に想像することによって、行政書士のイメージが湧き、有意義な仕事に感じることができると思います。「人の人生の転機にかかわることができる」というのは、行政書士の仕事の大きな魅力の１つといえます。

　もちろん、それだけの役割を担うわけですから、職業倫理は要求されますし、高い能力も要求されます。高い能力、すなわち、行政書士試験に合格することといえます。

　「自分は将来、有意義な仕事がしたい。そのために実力を備えていくのが今の時間だ！」と思えば、大変な受験勉強もモチベーションが上がり、充実したものにできると思います。

　伊藤塾では、受験勉強をするにあたって３つの言葉を必ず伝えます。

　その１つが「合格後を考える」。

　この言葉の意味が、ここまでのところからも感じていただけたのではないかと思います。

行政書士試験 受験勉強のポイント！

効果的なマークの仕方

　学習している大切な部分は、マークをしてすぐに目に入るように強調しておく——そのような準備も有効な受験テクニックの１つです。

　しかし、大切な部分にマークをしても、どこから復習していくべきか、覚えていくべきか、疑問に思ってしまうこともあるでしょう。ここでは優先度がひと目でわかる効果的なマークの方法を紹介します。

　まず、２色のマーカー(例：水色とピンク)を準備します。そして、テキスト等のインプット教材で、ここは大切と思う部分に水色でマークします。マークする際のコツはキーワードごとに短く引き、あまり重要でない部分にはマークしないよう意識することです。これにより内容を吟味するので、マーク箇所を探しながら記憶することができます。このマーク法が習得できたら第１段階は終了です。

　次に、過去問題演習で出題された箇所をインプット教材で確認します。問題の解説のみに目を通すのではなく、必ずインプット教材に戻って知識の確認を行ってください。この際にインプット教材で問題の解答となる部分にピンクでマークしましょう。これで第２段階は終了です。

　この２つの段階によりインプット教材には、「水色」と「ピンク」の２色のマークが残っていることになります。さらにもう１色、「水色」に「ピンク」が重なった「紫」のマークができあがっているはずです。この「紫」マークはインプット教材内の大切な箇所であり、かつ過去問題でも問われた箇所となります。この３色のマークのうち、まず優先的に押さえるべきところはこの「紫」マークだということが理解できると思います。

　単にマークをするのではなく、また問題を解いたらインプット教材に戻るだけではなく、その証しを残すことで学習の優先度がわかるようになるのです。

　また、インプット教材を確認する際に、「今日は過去問色(ピンク)だけを確認してみよう」や「大切な箇所(水色)だけをチェックしてみよう」と、同じインプット教材の確認でも視点を変えて行うことができるようになり、漠然と行いがちなテキストの読み込みを回避することができます。

　さらに、「水色」と「ピンク」のマークを分析することで、大切な箇所だけれども過去問で問われていない部分を発見することができます。これが過去問から分析する出題予想の初歩です。

　このようにマークの仕方１つだけでも学習効果を持たせることができます。時間がない中、試験勉強を仕事などと両立して継続するためにも、漠然と学習をするのではなく、学習の目的や効果を明確にして行うように心掛けましょう。

Part 4

行政法入門

達成度チェック表

正解した問題の数だけ下のマスを塗りつぶそう！
弱点科目がわかるよ！

憲法
あと一歩！　　　理解十分！　問題数
3　　　　　　　　6　　　⑥

民法
4　　　　　　　　8　　　⑧

商法
3　　　　　　　　6　　　⑥

行政法
8　　　　　　　　16　　⑯

基礎法学
2　　　　　　　　3　　　③

基礎知識
6　　　　　　　　11　　⑪

Chapter 1 行政法の一般的な法理論

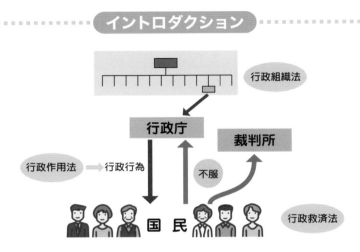

イントロダクション

六法を見ても「行政法」という法律は見つけることができません。なぜなら、「行政法」という名前の法律はないからです。

「国家賠償法」や「地方自治法」など、国民と行政との関係について定められた法律を総称して「行政法」と呼んでいるのです。

達成度チェック　正解した問題No.を塗りつぶそう　Chapter 1　問題1　問題2　問題3

▶総合テキスト Chapter 1 行政法総論 **1** **2**

1 行政法総論

重要度
C

1 行政と行政法

1 行政とは

国や地方公共団体によって行われる活動を行政といいます。

具体的には、水（道）の供給やゴミの収集、道路・公園といった公共施設の建設などをイメージしてください。

2 行政法の意義と分類

行政法は、**国・地方公共団体と国民との関係**を定めています。

イントロダクションで説明したように、行政法という名前の法律があるわけではなく、行政に関する法律を総称して行政法といいます。

行政法は、行政組織法、行政作用法、行政救済法の大きく３種類に分けることができます。

まず、行政組織法とは、行政組織に関する法律をまとめて表現した言葉です。例えば、国の行政組織に関して定める内閣法、国家行政組織法や、地方公共団体に関して定める地方自治法などがこれにあたります。

そして、行政作用法とは、行政組織が行う行政活動について定めた法律をまとめて表現した言葉です。警察官職務執行法や行政手続法などがこれにあたります。

また、行政救済法とは、行政活動によって不利益を受けた国民の救済方法に関する法律をまとめて表現した言葉です。行政救済法（行政救済制度）には、①行政不服申立制度、②行政事件訴訟制度、③国家賠償制度、④損失補償制度があります。

2 行政上の法律関係（公法と私法）

公法とは、国や地方公共団体とその構成員（国民、住民）との関係について定めた法律（憲法、刑法、訴訟法など）をいいます。

これに対して、私法とは、私人相互の関係について定めた法律（民法、商法など）をいいます。

この分類によれば、行政法は公法に属することになります。

3 法律による行政の原理

行政法における最も重要な原理として、法律による行政の原理があります。法律による行政の原理とは、行政活動は法律に基づき、法律に従って行われなくてはならないという原理です。この原理は、行政権の権力濫用から国民の権

利・自由を守るため、行政権の行使に対して、国会が制定する法律により歯止めをかけることを目的としています。

　法律による行政の原理の内容として、法律によってのみ法規を創造できるという法律の法規創造力の原則、行政活動は法律に反してはならないとする法律の優位の原則、少なくとも個人の権利を制限し、義務を課す行政活動には法律の根拠が必要であるという法律の留保の原則があります。

　　法律による行政の原理は、行政法のバックボーンをなす重要な
　　原理です。例えば、以後に出てくる行政行為や行政上の義
　　務履行確保について法律上の根拠が必要な理由は、個人
　　の権利を制限し、義務を課す行政活動として法律の留保の
　　原則が適用されるからです。
　　行政法を学ぶ際は、法律による行政の原理の視点から考える
　　とよいと思いますよ。

達成度チェック

Date	Date	Date
/	/	/

（問題1）**行政作用法に分類されないものはどれか？**
　　　①警察官職務執行法　②国家賠償法　③行政手続法

正解はP161

▶総合テキスト Chapter 2 行政組織法論 **1 2**

2 ｜ 行政組織法

重要度
B

CASE 1

　「株式会社T」は、A市から許可を得て、一般廃棄物処理の仕事をしています。またA市も一般廃棄物の処理を行っています。

1 行政主体と行政機関

1 行政主体

CASE 1 に出てくるＡ市のことを行政主体といいます。現実の地方公共団体（地方自治体）を例に挙げれば、東京都とか富山県、相模原市などです。もちろん国も行政主体です。

つまり行政主体とは、自らの名前と責任で行政を行う権利と義務を持つ団体のことです。行政とは、国家作用のうち一般的な立法と司法を除いたものを指します。もっと簡単にいうと、**公共へのサービス活動**のことです。

2 行政機関

行政機関とは、国や地方公共団体などで現実に職務を行う機関のことをいいます。行政主体が、自らの名前と責任で行政を行うといっても、実際には、国や地方公共団体そのものが行動するわけではありません。行政機関が国や地方公共団体の手足となって職務を行うのです。実際には、その行政機関に属する人が意思を決定したり、行動することになります。

行政機関は、その権限に応じて次のように分類されます。

1 行政庁

行政庁とは、行政主体のために意思を決定し、これを外部にあらわす権限を持つ行政機関のことです。各省の大臣、都道府県知事、市町村長などがこれにあたります。

2 補助機関

補助機関とは、行政庁その他の行政機関の職務を補助するために、日常的な事務を遂行する行政機関をいいます。事務次官や局長、課長など、省庁や都道府県の職員がこれにあたります。

3 執行機関

執行機関とは、行政目的を達成するために、実力を行使する行政機関のことをいいます。警察官、徴税職員、自衛官などがこれにあたります。

4 諮問機関

　諮問機関とは、行政庁がいろいろな意思決定を行うにあたって、参考になるような意見を述べる行政機関です。つまり**アドバイス係**です。ですから、諮問するか否かは、原則として行政庁の自由裁量に任されています。これには、社会保障審議会などがあります。ただし審議会の答申（＝意見）は、行政庁を法的には拘束しません。

5 参与機関

　参与機関とは、行政庁の意思を法的に拘束する議決を行う行政機関をいいます。つまり、**権限が強化された諮問機関**です。これには、電波監理審議会などがあります。

6 監査機関

　監査機関とは、行政機関の事務や**会計の処理を検査して、それが適切かどうかを監査する**行政機関です。これには、行政評価事務所、会計検査院などがあります。

リンク　商　法

行政主体と行政機関

　行政主体と行政機関の関係は、株式会社とその機関のそれと似ています。例えば、行政主体は株式会社そのもの、行政庁は取締役、補助機関は従業員、監査機関は監査役といったように、同様の仕組みをとっています。

---

❸ 権限の代行

　行政機関の権限は、法令によって、その活動の範囲がしっかり決められています。しかし、例えば、病気で権限を行使することができなかったり、行使させることが不適切な場合があります。この場合には、他の行政機関にその権限を行使させる必要があります。これを、権限の代行といいます。
　権限の代行には、①権限の委任、②権限の代理、③専決（代決）の3つがあり

ます。

1 権限の委任

権限の委任とは、自己に与えられた権限の一部を他の機関に委任して行わせることをいいます。権限を委任した場合、**その部分について、委任した行政機関（委任機関）の権限はなくなります**。つまり、ある行政機関の権限の一部を、そっくりそのまま他の行政機関（受任機関）に移すのです。

法律で与えられた権限の所在を変えるのですから、権限の委任をするためには、**必ず法律上の根拠が必要**となります。

2 権限の代理

権限の代理とは、他の行政機関に代理権を与えて、代わりに権限を行使させることをいいます。大臣の病気や外国出張中などに一時的に行われるものです。

ここで、権限の委任と権限の代理の最大の違いは、権限が移転するか否かです。権限の代理では、代理権を与えられた機関（代理機関）は、権限の行使を代わりに行うにすぎません。**権限は、あくまでも本来の行政機関（被代理機関）にある**のです。

3 専決（代決）

専決とは、法律によって権限を与えられた機関が、補助機関に決裁の権限を委ねる場合をいいます。また、専決する者が不在の場合に、他の人が臨時に代わって決裁することを代決といいます。

例えば、市役所などで住民票を発行する際、市長の印を押印して、職員が手続事務をすることがあります。

行政組織法はちょっと細かいところですので、まずは行政主体、行政機関のイメージをつかむことから始めるとよいと思います。

国の行政機関

1　内　閣

　内閣とは、長である内閣総理大臣と14人（特別の必要がある場合は17人）以内の国務大臣から構成される合議機関をいいます。内閣は、政策の決定、行政各部の総合調整などを行います。

2　内閣府

　内閣府とは、中央省庁再編に基づき、それまでの総理府、経済企画庁、沖縄開発庁、金融再生委員会の4つを統合して設置された機関です。内閣府は、内閣に設置され、内閣の事務を補助します。また、内閣府（及び各省）にはその外局として、委員会や庁が置かれます。

達 成 度 チ ェ ッ ク

 Date　／　 Date　／　 Date　／

（問題2）　**法律によって権限を与えられた機関が補助機関に決裁の権限を委ねる場合を何というか？**

　　①権限の委任　②専決　③権限の代理

正解は**P161**

▶総合テキスト Chapter 3 行政作用法

3 ｜ 行政作用法

重要度
 A

1　総　説

　行政作用とは、行政目的を実現するために、国や地方公共団体などの行政主体が、国民の権利利益に対して影響を及ぼす行為をいいます。つまり、**行政主体の手足である行政機関による国民に対する働きかけ**のことです。

　人権を保障するためには、この行政作用についてのルールがしっかりと確立されていることが必要です。そのルールの集まりを行政作用法といいます。

行政作用には、国会の委任に基づいてルールを定める行政立法や、行政指導が含まれますが、最も重要な概念は行政行為です。

❷ 行政行為

❶ 意　義

　行政行為とは、行政庁が、法律に基づいて一方的に国民に働きかけ、これによって国民の権利義務に変動を生じさせ、行政目的を実現する行為です。どんな働きかけをするかについては、これから説明します。行政行為のポイントは、行政庁が、**国民との合意なしに、行政庁の一方的な判断**によって国民の権利義務を変動するということにあります。また、行政行為は、このように国民の権利義務に変更を加える行為ですので、行政行為をするには、法律の留保の原則により、法律の根拠が必要となります。

　行政行為は、その法効果の発生の仕方によって、**法律行為的行政行為**と**準法律行為的行政行為**に分けることができるとされています。それでは、行政行為の種類について説明します。

❷ 行政行為の分類

1　法律行為的行政行為

　法律行為的行政行為とは、行政庁が意思表示により望んだことと同様の法律効果が発生する行為をいいます。法律行為的行政行為には、命令的行為と形成的行為があります。

a　命令的行為

　命令的行為とは、行政庁が、国民に対して義務を命じる行政行為と、これとは反対に義務を除去する行政行為を総称したものです。命令的行為は、①下命、②禁止、③許可、④免除の4つに分けることができます。

下 命	国民に作為を命ずる行為をいいます。つまり命令することです。例として、課税処分などがあります。
禁 止	国民に不作為を命ずる行為をいいます。例として、営業の停止命令、道路の通行禁止などがあります。
許 可	国民が本来自由にできる活動を一般に禁止しておき、一定の要件のもとでこれを解除する行為をいいます。例として、自動車の運転免許の付与、風俗営業の許可などがあります。
免 除	国民に対する作為義務、すなわち、下命を解除する行為をいいます。例として、納税義務の免除、児童の就学義務の免除などがあります。

b 形成的行為

　形成的行為とは、国民が本来は持っていない特別の権利や法的地位などを与えたり奪ったりする行為をいいます。この形成的行為は、①特許及び剝権、②認可、③代理に分けることができます。

特 許 及 び 剝 権	特許は、国民に対して特定の権利、又は法律関係を設定する行為をいいます。例として、河川の占用許可などがあります。また、剝権とは、特許によって与えられた権利などを剝奪することをいいます。
認 可	私人相互間の行為を補充して、その法律上の効果を完成させる行為をいいます。例として、農地の権利移転の許可などがあります。
代 理	行政主体（に属する行政庁）が、他の法的主体がなすべき行為を代わりに行い、その結果として、他の法的主体が行ったのと同じ効果をもたらす行為をいいます。例として、土地収用裁決などがあります。

2　準法律行為的行政行為

　準法律行為的行政行為とは、行政庁が判断したり認識したことを表示した場合に、法律が一定の法的効果を与える行為をいいます。

　準法律行為的行政行為は、①確認、②公証、③通知、④受理の４つに分けることができます。

確　認	特定の事実や法律関係の存否又は真否を確定する行為をいいます。例として、選挙における当選人の決定などがあります。
公　証	特定の事実や法律関係の存否を公に証明する行為をいいます。例として、行政書士の登録などがあります。
通　知	相手方に特定の事項を知らせる行為をいいます。例として、納税の督促などがあります。
受　理	相手方の行為を有効な行為として受領する行為をいいます。例として、各種申請の受理などがあります。

ここまで見てきたように、行政作用は多くの種類に分類されます。ここでは、どのように分類されるのかという点と、それぞれの分類の具体例を確認しながら、イメージをつかんでください。
また、法律上の言葉と、ここでの分類は必ずしも一致しません。例えば、法律行為的行政行為の1つである特許の具体例には、河川の占用許可があります。法律上の言葉では、許可という言葉を使っているのに、行政行為の分類では特許です。ここでの分類は、あくまで行政行為の性質に着目した分類ですから、このような違いが生じることもあるのです。

Part4 行政法入門

③　行政行為の効力

　行政行為には、私人間における法律行為とは異なる特殊の効力が付与されています。行政行為の代表的な効力として、公定力（こうていりょく）があります。

　公定力とは、行政行為は仮に違法であっても、取消権限のある国家機関によって取り消されるまでは、何人もその効力を否定できないという効力をいいます。これは、法律上、行政行為を取り消す方法が、不服申立て、裁判所の取消訴訟、行政庁の職権取消しに限定されていることから、それらで取り消されるまでは行政行為は有効であるということです。

3 行政上の強制措置

　さきほど説明した下命のように、国民に義務を課した場合に、もしも、その人がこれに従わなかったらどうするのでしょうか。

　そうした場合には、行政上の義務がちゃんと果たされるようにするために、①行政主体が自力執行する行政上の強制執行の制度、②行政上の義務に違反したことに対する制裁としての行政罰の制度が用意されています。

　また、行政上の義務不履行を前提としない手段として、③行政上の即時強制があります。

行政上の義務を強制的に履行させるのが行政上の強制執行です。そして、行政上の義務を履行しないことに対して一定の制裁を科すのが行政罰です。これに対して、行政上の義務を前提としないものが即時強制です。
行政上の強制執行と即時強制は、強制という点で共通しますが、行政上の義務を履行させるものか否かでまったく異なる点に注意してください。

1 行政上の強制執行

　行政上の強制執行とは、国民が直接法令の規定により命じられた義務、あるいは行政行為によって命じられた義務を履行しない場合に、行政権が強制的に義務を実現させることをいいます。

　行政上の強制執行には、①代執行、②執行罰（間接強制）、③直接強制、④行政上の強制徴収の4つがあります。

代 執 行	私人の側の代替的作為義務（他人が代わって行うことができる義務）が履行されないときに、行政庁が自ら義務者が行うべき行為をし、又は第三者にこれをさせて、要した費用を義務者から徴収する制度のことです。代執行の一般法として、行政代執行法が定められています。
執 行 罰 （間接強制）	義務の不履行に対して、一定額の過料を課すことを通告して間接的に義務履行を促し、義務を履行しないときに過料を強制的に徴収する制度をいいます。砂防法36条にのみ規定が残っています。
直接強制	義務者の身体又は財産に直接力を行使して、義務の履行があった状態を実現するものをいいます。一般的な制度としては認められませんが、成田新法などの個別法で認められています。
行政上の 強制徴収	義務者が金銭の納付義務を自ら履行しない場合に、行政機関が義務者の財産に強制を加え、財産的価値を強制的に徴収することにより、義務を実現するものです。国税徴収法が通則に近い法律となっています。

Part4

行政法入門

行政上の強制執行の中で、特に覚えておいてほしいのが、代執行です。これは、法律的に義務を負っているのにそれを履行しないとき、義務者以外の人間がその人に代わって義務を行い、その費用を払わせるものなのです。けっこう行政がカづくでやってしまう場面になるので、行政代執行法という法律で手続が決まっているのです。

2 行政罰

　行政罰とは、行政上の義務違反行為に対して科される罰則のことです。行政罰には、刑事手続によって刑罰が科される行政刑罰と、刑事手続によらない秩序罰があります。行政罰は、過去の行政上の義務違反に対する制裁なので、強制的な義務の実現である強制執行とは本質的に異なります。

3 行政上の即時強制

　行政上の即時強制とは、あらかじめ義務を命ずる余裕のない急迫の障害が存

在する場合に、義務を命ずることなく直ちに国民の身体や財産に規制を加えて、行政上必要な状態をつくり出すことです。

例えば、火事の拡大を防ぐために風下の家屋を倒壊する行為や、強制検診のために身柄を拘束する行為などがあります。

本格的に学習を始めたら、用語の違いより具体的なイメージをつかむようにしましょうね。

4 その他の行政作用

1 行政立法

行政立法とは、行政機関が法規範（ルール）をつくることをいいます。これには、①法規命令と、②行政規則の2種類があります。

法規命令（政令、省令など）は、行政主体と私人の関係の権利義務に関する一般的規律であるのに対し、行政規則（通達、内規など）は、行政機関の内部的な規律です。

2 行政計画

行政計画とは、行政権が一定の公の目的のために目標を設定し、その目標を達成するための手段を総合的に提示するものです。

例としては、環境基本計画、公害防止計画、都市計画、土地区画整理事業計画などがあります。

3 行政契約

行政契約とは、行政庁と国民が対等な立場で締結する契約のことです。

契約ですから、当事者の意思表示が合致していなければなりません。

4 行政指導

行政指導とは、行政機関が行政目的を達成するために、助言や指導といった手段で国民に働きかけて、任意の協力を求め、国民を誘導して行政機関の欲する行為をさせようとする作用をいいます。つまり、お願いです。

そのため、行政指導には、強制力や罰則がありません。単なる事実上の協力要請であり、非権力的な事実行為です。行政指導には法律の留保の原則が適用されず、法律の根拠が必要ないので、臨機応変な行政を可能にするという長所があります。

　もっとも、行政指導は行政側の任意の判断で行われるため、恣意的に行われるおそれも否定できません。また、行政機関による不利益な取扱いを恐れて、納得のいかない指導についても、国民が不本意ながら従わざるを得ない場合も生じます。行政指導には、こうした問題点もあります。

達成度チェック

Date　／　　Date　／　　Date　／

問題3 **準法律行為的行政行為でないものはどれか？**
　①許可　②公証　③確認

正解はP161

達成度チェック **解答**

問題1 …②、　問題2 …②、　問題3 …①

問題 以下に引用する消防法29条1項による消防吏員・消防団員の活動(「破壊消防」と呼ばれることがある)は、行政法学上のある行為形式(行為類型)に属するものと解されている。その行為形式は、どのような名称で呼ばれ、どのような内容のものと説明されているか。40字程度で記述しなさい。

消防法29条1項

　消防吏員又は消防団員は、消火若しくは延焼の防止又は人命の救助のために必要があるときは、火災が発生せんとし、又は発生した消防対象物及びこれらのものの在る土地を使用し、処分し又はその使用を制限することができる。

（平成23年度　問題44）

（下書用）

									10					15

【解答例】即時強制と呼ばれ、義務を命じる余裕がない場合に、直接身体若しくは財産に有形力を行使する。(44字)

　本問は、消防法29条1項による消防吏員・消防団員の活動（「破壊消防」）が属する行政法学上の行為形式（行為類型）について、その行為形式の名称及び内容を問うものである。

　行政法学上の行為形式を分けると、行政立法、行政行為、行政契約、行政指導、行政計画、行政調査、行政上の強制執行、即時強制などに分けることができる。

　本問の「破壊消防」の内容は、「消防吏員・消防団員」という実力を有する行政機関が、「火災が発生せんとし、又は発生した消防対象物及びこれらのものの在る土地を使用し、処分し又はその使用を制限すること」で、直接身体又は財産に対する実力を行使して、「消火若しくは延焼の防止又は人命の救助」という目的を実現するものである。

　このような内容からすると、本問の「破壊消防」は、行政上の強制執行又は即時強制のいずれかに該当すると考えられるところ、両者は、強制を受ける相手方の義務の存在の有無によって異なる。すなわち、相手方の義務を前提として義務を強制するのが行政上の強制執行であり、他方、相手方の義務を前提とせずに直接身体又は財産に実力を行使して行政目的を実現するのが即時強制である。

　このことを前提に、「破壊消防」についてみると、相手方の義務の存在を前提とせずに上記強制を行うことを内容としていることがわかる。

　したがって、「破壊消防」は即時強制という行為形式に属するものと解される。

　以上により、「破壊消防」が属する行為形式は、即時強制と呼ばれ、相手方の義務を前提とせず、身体又は財産に対して直接実力を行使するという内容のものと説明されている。

イントロダクション

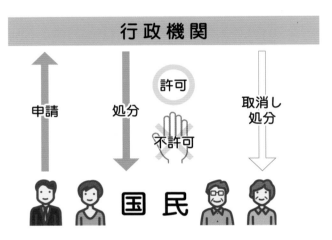

行政手続法は、その名のとおり、行政を行う際の手続について定めた法律です。

この次に学ぶ行政救済法（行政不服審査法、行政事件訴訟法、国家賠償法、損失補償制度）が、何かがあった後に救済するための仕組みなのに対して、行政手続法は事前にチェックするための法律です。

達 成 度 チェック　正解した問題No.を塗りつぶそう　Chapter 2　問題1　問題2　問題3

▶総合テキスト Chapter 4 行政手続法❶

1 行政手続法の対象となる行政活動　重要度 A

行政手続法の対象となる行政活動には、①処分（申請に対する処分、不利益処分）、②行政指導、③届出に関する手続、④命令等を定める手続があります。

もっとも、行政手続法の対象となる行政活動の中には、行政手続法の適用になじまないものがあります。また、その地域の特性に応じた処理が必要になる場合もあります。

　そこで、行政手続法では、一定の行政作用（外国人の出入国に関する処分、地方公共団体の機関が命令等を定める行為など）については、この法律が適用されないという、いわゆる適用除外を認めています。

達成度チェック

Date	Date	Date
/	/	/

問題1　**行政手続法の対象とならないものはどれか？**
　　　　①外国人の出入国に関する処分　②届出に関する処分　③行政指導
　　　　　　　　　　　　　　　　　　　　　　　　　　　　　正解はP169

▶ 総合テキスト Chapter 4 行政手続法 **2**

2 申請に対する処分

重要度 **A**

CASE 1

　「株式会社T」は、建築確認をA市に申請しました。これに対して、A市は建築確認を認める処分をしました。

　申請とは、法令に基づき、行政庁の許可や認可など、行政庁から自分に対して、**何らかの利益を付与する処分を求める行為**をいいます。

　このようにして、国民から出された申請に対し、行政庁が審査した上でする処分のことを申請に対する処分といいます。

　CASE 1 の認める処分は、申請に対する処分にあたります。

1 標準処理期間

　申請されて審査できる状態になったとしても、審査の期限がずっと先だというのでは、国民の利益の保護にはなりません。そこで、**行政庁に申請してから処分をするまでの標準的な期間**（標準処理期間）を定める努力義務を課してい

ます。

2 審査基準

　もしも、申請に対する認可をするか否かを行政庁が勝手に行ってよいとなると、不公平な判断をされてしまう危険が大きくなります。そのために、行政庁は審査基準を定めなければなりません。その基準は、**できる限り具体的でなければなりません**。

　また、行政庁は、行政上特別の支障があるときを除いて、この**審査基準を公表しなければなりません**。

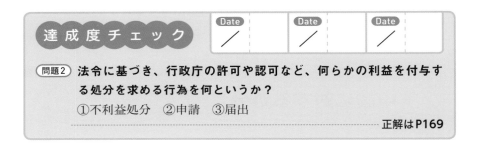

達成度チェック

Date	Date	Date
/	/	/

問題2 **法令に基づき、行政庁の許可や認可など、何らかの利益を付与する処分を求める行為を何というか？**
　①不利益処分　②申請　③届出

正解はP169

▶総合テキスト Chapter 4 行政手続法**3**

3 ｜ 不利益処分

重要度 **A**

CASE 2

　「株式会社T」は、A市から営業許可を受けて飲食店の営業を行っていました。ところが、A市は、公益上の理由から「T」に対する営業許可を取り消しました。

　不利益処分とは、行政庁が、いったん与えた許認可を取り消す等の処分のことをいいます。

　CASE 2 の営業許可の取消しは、不利益処分にあたります。

1 理由の提示

　行政庁が不利益処分をする場合は、なぜ不利益処分をするかについて、処分を受ける者に理由を提示しなければなりません。これは、理由を明らかにすることによって、行政庁が判断を慎重に行い、公正の確保につながるとともに、処分を受けた者に対して不服申立てをする機会を与えるためです。

2 処分基準

　処分の発動についても、行政庁が勝手に行ってよいとなると、独断で不公平な処分がされる危険が大きくなります。そこで、行政庁は処分基準を定める努力義務を負い、その基準は、**できる限り具体的でなければなりません**。

　また、行政庁が処分基準を定めた場合には、それを**公表する努力義務**を負います。

3 不利益処分をする場合の意見陳述手続

　不利益処分を受けるということになったら、まずは自分の言い分を十分に聞いてもらいたい、つまり、防御する機会を与えてもらいたいと思うのが普通です。そうでないと、不公正な判断がされる危険があり、また、処分が妥当であったとしても、納得がいかないからです。

　この不利益処分を受けることになった者に対する防御の機会を意見陳述といい、このための手続には、①口頭で意見陳述をする聴聞と、②原則として書面で意見陳述をする弁明の機会の付与があります。

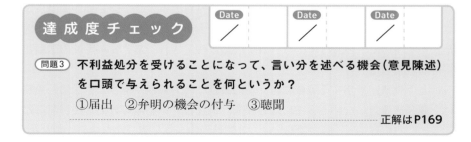

達成度チェック

Date / Date / Date /

問題3　不利益処分を受けることになって、言い分を述べる機会（意見陳述）を口頭で与えられることを何というか？
①届出　②弁明の機会の付与　③聴聞

正解はP169

4 ： 行政指導

重要度
A

　行政指導とは、行政機関が、特定の人に対して指導や勧告、助言、お願いをするものです。**処分はこれに該当しません。**

　行政手続法によって、行政指導の方法等を規律した理由は、過去に行政指導の名のもとに、国民の権利利益を侵害した経験があるからです。

5 ： 届　出

重要度
C

　届出とは、行政庁に対して通知することです。

　行政手続法は、届出が届出書の記載事項に不備がなく、届出書に必要な書類が添付されており、その他の法令に定められた届出の形式上の要件に適合している場合は、**届出が行政機関の事務所に届いたときに、届出の義務を果たした**ものとされます（37条）。

　これは、届出を受理せずに、国民の権利利益を侵害した経験に基づきつくられた規定といわれています。

6 ： 命令等

重要度
B

　1993年に成立した行政手続法は、行政立法手続の法制化を将来の課題としました。行政立法手続とは、命令などを定める手続のことで、いわゆるパブリック・コメントといわれます。

　1999年に「規制の設定又は改廃に係る意見提出手続について」が閣議決定され、行政措置としてのパブリック・コメント手続の運用実績が蓄積されてきたことを受けて、2005年には行政手続法が改正され、意見公募手続の法制化が図られました。

　行政手続法が規定する義務には、**法的義務**と**努力義務**があります。法的義務は、義務を履行しないと違法になります。例えば、不利益処分の理由付記などです。これに対して、努力義務には、法的義務のような強い効力はありません。例えば、不利益処分の処分基準の公表などです。

これらの義務の区別は、行政手続法では重要ですので、注意しましょう。

意見公募手続を見てみましょう

命令等制定機関が、①定めようとする命令等の案及び②これに関連する資料をあらかじめ公示し、③意見の提出先及び④意見提出期間を定めて広く一般の意見を求める。

意見提出期間（原則として公示の日から30日以上）
この期間内に、意見のある者は意見を提出する。

＜命令等を定める＞
命令等制定機関は、提出意見を十分に考慮して、命令等を定める。

＜命令等の公示＞
同時期にインターネットを通じて、①命令等の題名、②命令等の案の公示の日、③提出意見、④提出意見を考慮した結果及びその理由を公示する。

達成度チェック 解答

問題1 …①、 問題2 …②、 問題3 …③

問題 次に掲げる行政手続法2条が定める定義の空欄 ア 〜 オ に当てはまる語句の組合せとして、正しいものはどれか。

申請 —— 法令に基づき、行政庁の許可、認可、免許その他の ア に対し何らかの利益を付与する処分(以下「許認可等」という。)を求める行為であって、当該行為に対して行政庁が イ をすべきこととされているものをいう。

不利益処分 —— 行政庁が、法令に基づき、 ウ を名あて人として、直接に、これに義務を課し、又はその権利を制限する処分をいう。

行政指導 —— 行政機関がその任務又は エ の範囲内において一定の行政目的を実現するため オ に一定の作為又は不作為を求める指導、勧告、助言その他の行為であって処分に該当しないものをいう。

	ア	イ	ウ	エ	オ
1	特定の者	一定の処分	特定の者	法律に基づく命令	特定の者
2	自己	諾否の応答	不特定の者	法令	不特定の者
3	利害関係を有する者	諾否の応答	特定の者	管轄	特定の者
4	特定の者	一定の処分	不特定の者	職務命令	不特定の者
5	自己	諾否の応答	特定の者	所掌事務	特定の者

(平成27年度　問題12)

ア　自己　　イ　諾否の応答

　　行政手続法2条3号は、申請について、「法令に基づき、行政庁の許可、認可、免許その他の自己に対し何らかの利益を付与する処分(以下『許認可等』という。)を求める行為であって、当該行為に対して行政庁が諾否の応答をすべきこととされているものをいう。」と規定している。したがって、アには「自己」が当てはまり、イには「諾否の応答」が当てはまる。

ウ　特定の者

　　同法2条4号柱書本文は、不利益処分について、「行政庁が、法令に基づき、特定の者を名あて人として、直接に、これに義務を課し、又はその権利を制限する処分をいう。」と規定している。したがって、ウには「特定の者」が当てはまる。

エ　所掌事務　　オ　特定の者

　　同法2条6号は、行政指導について、「行政機関がその任務又は所掌事務の範囲内において一定の行政目的を実現するため特定の者に一定の作為又は不作為を求める指導、勧告、助言その他の行為であって処分に該当しないものをいう。」と規定している。したがって、エには「所掌事務」が当てはまり、オには「特定の者」が当てはまる。

以上により、空欄に当てはまる語句の組合せとして、正しいものは肢5であり、正解は5となる。

行政不服審査法

イントロダクション

　行政によって、国民の権利や利益が侵害された場合は、いったいどうしたらよいのでしょうか。

　普通に考えると、いちばん最初に思い浮かぶのは、裁判所に訴えることですが、行政自身が、私たち国民からの不満を受けつける制度があります。

　これを行政不服申立てといい、この手続を定めているのが、行政不服審査法なのです。どこに不服をいえば、自分の主張を聞いてくれるのか、いちばん効果があるのかを見てみましょう。

達成度チェック　正解した問題№を塗りつぶそう　Chapter 3　問題1　問題2　問題3

▶ 総合テキスト Chapter 6　行政不服審査法

1 ｜ 行政救済法の体系

重要度
C

　行政活動は、本来、国民の権利や利益を守り、社会の秩序を維持するために行われるはずです。しかし、行政活動が常に正しく行われるとは限りません。時には、不当な行政活動によって、国民の身体や財産に損害が及ぶこともあります。そのような事態に備えて、国民の権利利益の救済を図るシステムとして、① 行政不服申立制度、② 行政事件訴訟制度、③国家賠償制度、④損失補

^{しょうせい ど}
償 制度があります。

救済方法は大きく2つに分けられます。違法な行政処分自体に不服を申し立て、これを取り消して救済を図るのが、行政不服審査法と行政事件訴訟法です。他方、金銭賠償により救済を図るのが、国家賠償法と損失補償です。

▶総合テキスト Chapter 6 行政不服審査法 ❶❷

2 | 行政不服申立てと行政不服審査法 _{重要度} Ⓐ

　行政不服申立ては、行政庁の処分などに対して不満のある人が、行政機関に対して不服を申し立てて、その違法性・不当性を審査してもらい、違法・不当な行為の改善や排除を求める手続です。

　行政不服申立ては、いわゆる裁判所に訴える訴訟と比べると、時間も短期間ですみますし、費用も少なくてすみます。さらに、行政庁自身が審査するので、処分の違法性だけではなく、不当性までも審査できるというメリットがあります。ただし、裁判所のような第三者による審査ではありません。

　行政不服審査法は、2014年に抜本的に改正された行政不服申立てに関する一般法であり、審査請求の対象は、行政庁の処分と不作為に限られます。

不作為とは、行政庁が申請に対し何らかの行為をすべきなのに、何もしないことをいいます。例えば、私人が何らかの認可をしてもらうため行政庁に申請をすると、行政庁は何らかの処分をしなければなりませんが、その行政庁が何も処分をしない場合には不作為にあたります。

用語 ちょっと解説 **違法性、不当性**

　　違法性：一般には、人の行為又は状態が法に違反していること。
　　不当性：法律違反ではないが、制度の目的から見て適当でないこと。

▶総合テキスト Chapter 6 行政不服審査法 3

3 ┊ 行政不服申立ての種類

重要度

行政不服審査法は、行政不服申立ての類型を原則として「審査請求」に一元化しています。

1 審査請求

審査請求は、処分又は不作為に不服がある場合に、審査庁に対して行います。

処分又は不作為に不服がある場合には、行政事件訴訟を提起することもできます。不服がある者は、審査請求をするか、行政事件訴訟を提起するかを自由に選択することができるのが原則です（自由選択主義）。

なお、個別法により、「再調査の請求」と「再審査請求」という類型を設けることができます。

2 再調査の請求

再調査の請求は、行政庁の処分に不服がある場合に、処分庁に対して再調査の請求をする手続です。審査請求と比べて、より簡易迅速な手続となっています。

3 再審査請求

再審査請求は、審査請求の裁決（原裁決）に対して不服がある場合に、原処分又は原裁決を対象として行います。

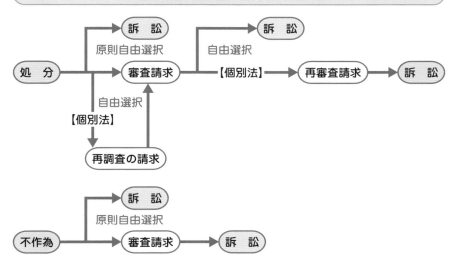

不服申立ての仕組みを押さえましょう

処分 → 訴訟（原則自由選択）
処分 → 審査請求 →【個別法】→ 再審査請求 → 訴訟（自由選択）
審査請求 → 訴訟（自由選択）
審査請求 ←【個別法】← 再調査の請求（自由選択）

不作為 → 訴訟（原則自由選択）
不作為 → 審査請求 → 訴訟

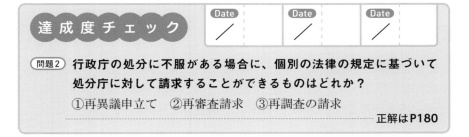

達成度チェック

Date ／　Date ／　Date ／

問題2　行政庁の処分に不服がある場合に、個別の法律の規定に基づいて処分庁に対して請求することができるものはどれか？
①再異議申立て　②再審査請求　③再調査の請求

正解はP180

▶総合テキスト Chapter 6 行政不服審査法 ❹

重要度 **B**

4 ｜ 審査請求をするための要件

　実際に審査請求をしても、すべてが審査の対象として取り上げられるわけではありません。取るに足らない不服までもすべて審査しなければならないとなると、本当に取り上げる必要のある重要な不服を審査する機会を奪うことになってしまうからです。

　そのために、一定の要件を満たした審査請求だけが、審査の対象となります。どんなものが審査の対象とされるかの要件は、次のとおりです。

	審査請求の要件として、次の5つが挙げられます
①	行政庁の処分、又は不作為が存在すること
②	不服を申し立てる権限のある者によって審査請求がなされること
③	権限を有する行政庁（審査庁）に対して審査請求がなされること
④	審査請求期間内に審査請求がなされること
⑤	形式と手続を遵守すること

▶ 総合テキスト Chapter 6 行政不服審査法 **4** **5**

5 ┊ 審査請求の主体

重要度 **A**

　審査請求の主体は、審査庁、審理員、審査請求人、参加人、処分庁等、行政不服審査会等です。

1 審査庁

　審査庁とは、審査請求がされた行政庁のことです。原則として、処分庁等に上級行政庁がない場合はその処分庁等が、上級行政庁がある場合は最上級行政庁（さらなる上級行政庁がない行政庁）が、審査庁とされます。

上級行政庁とは、審査請求の対象となった処分や不作為にかかる行政事務に関し、処分庁を指揮監督する権限を持つ行政庁のことをいいます。

2 審理員

　審理手続を行う場合、審査庁は、原則として審理員を指名します。審理員は、審理手続を行い、審理員意見書（審査庁がすべき裁決に関する意見書）を作成して審査庁に提出します。

3 審査請求人

審査請求をした者を審査請求人といいます。

4 参加人

　利害関係人は、審理員の許可を得て、当該審査請求に参加することができます。手続に参加する利害関係人を参加人といいます。

5 処分庁等

　処分庁等とは、処分をした行政庁又は不作為にかかる行政庁（不作為庁）のことをいいます。

6 行政不服審査会等

　審査庁は、審理員意見書の提出を受けたときは、一定の場合を除き、行政不服審査会等へ諮問しなければなりません。

▶ 総合テキスト Chapter 6 行政不服審査法 5 6

6 ： 審査請求の手続

重要度
A

　原則として、審査請求の手続は、①審査請求→②審理手続→③行政不服審査会等への諮問→④裁決となっています。

審査請求の仕組みを押さえましょう

```
審査請求  →  審理手続  →  行政不服審査会
                          等への諮問      →  裁　決
```

1 審査請求

　審査請求は、原則として審査請求書を提出して行います。なお、審査請求には審査請求期間が定められており、原則として、処分についての審査請求は、①処分があったことを知った日の翌日から起算して３か月、②処分があった日の翌日から起算して１年とされています。

2 審理手続

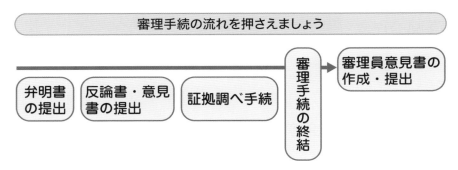

審理手続の流れを押さえましょう

弁明書の提出 → 反論書・意見書の提出 → 証拠調べ手続 → 審理手続の終結 → 審理員意見書の作成・提出

　審理手続は、原則として書面により審理されます。

　すなわち、審理員は、処分庁等に対して弁明書の提出を求めます。そして、処分庁等から提出された弁明書を審査請求人及び参加人に送付します。

　これを受けて、審査請求人は、反論書（弁明書に記載された事項に対する反論を記載した書面）を提出することができます。また、参加人は、意見書を提出することができます。

3 行政不服審査会等への諮問

　前述のとおり、審査庁は、審理員意見書の提出を受けたときは、一定の場合を除き、行政不服審査会等へ諮問しなければなりません。そして、行政不服審査会等は、審査庁の諮問を受けて、調査審議を行い、審査庁に答申をします。

4 裁　決

　審査庁は、行政不服審査会等から諮問に対する答申を受けたときは、裁決を

しなければなりません。

　裁決には、大きく次の４種類があります。

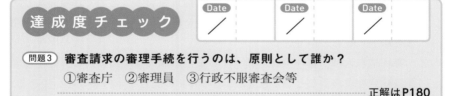

	裁決の種類を見てみましょう
却下裁決	処分についての審査請求が法定の期間経過後にされたものである場合その他審査請求が不適法である場合に、本案審理を拒否する裁決
棄却裁決	審査請求が理由がない場合に、審査請求を退ける裁決
事情裁決	審査請求にかかる処分が違法又は不当ではあるが、これを取り消し、又は撤廃することにより公の利益に著しい障害を生ずる場合において、処分を取り消し、又は撤廃することが公共の福祉に適合しないと認めるときに、当該審査請求を棄却する裁決
認容裁決	審査請求が理由がある場合に、審査請求を認容する裁決 認容裁決は、①処分（事実上の行為を除く）の取消し、②事実上の行為の撤廃、③変更の３種類がある。

達成度チェック

Date /	Date /	Date /

問題3　審査請求の審理手続を行うのは、原則として誰か？
　　　　①審査庁　②審理員　③行政不服審査会等

正解はP180

▶総合テキスト Chapter 6 行政不服審査法７

7 ：教示制度

重要度
A

　教示制度は、行政庁から市民に対して審査請求などの不服申立ての方法を教える制度であり、不服申立制度の利用の便に供するために設けられました。

　例えば、行政庁は、不服申立てをすることができる処分を書面でする場合には、処分の相手方に対し、①処分につき不服申立てをすることができる旨、②不服申立てをすべき行政庁、③不服申立てをすることができる期間を書面で教示しなければなりません。

Part4
行政法入門

達 成 度 チ ェ ッ ク 解答

問題1 …① 、 問題2 …③ 、 問題3 …②

Let's challenge!!

●これまで学習したことを、
本試験問題で体感しよう！

問題 行政不服審査法が定める審査請求の手続等に関する次の記述のうち、誤っているものはどれか。

1 審査請求は、審査請求をすべき行政庁が処分庁と異なる場合には、処分庁を経由してすることもできるが、処分庁は提出された審査請求書を直ちに審査庁となるべき行政庁に送付しなければならない。

2 審査庁は、審査請求が不適法であって補正をすることができないことが明らかなときは、審理員による審理手続を経ないで、裁決で、当該審査請求を却下することができる。

3 審査請求人は、審理手続が終了するまでの間、審理員に対し、提出書類等の閲覧を求めることができるが、その写しの交付を求めることもできる。

4 審理員は、審査請求人の申立てがあった場合には、口頭意見陳述の機会を与えなければならないが、参加人がこれを申し立てることはできない。

5 行政庁の処分に不服がある者は、当該処分が法律上適用除外とされていない限り、当該処分の根拠となる法律に審査請求をすることができる旨の定めがないものについても、審査請求をすることができる。

（令和元年度　問題15）

1 ○ 行政不服審査法21条1項前段は、「審査請求をすべき行政庁が処分庁等と異なる場合における審査請求は、処分庁等を経由してすることができる。」と規定し、同条2項は、「前項の場合には、処分庁等は、直ちに、審査請求書又は審査請求録取書……を審査庁となるべき行政庁に送付しなければならない。」と規定している。

2　○　同法24条1項は、「前条〔審査請求書の補正〕の場合において、審査請求人が同条の期間内に不備を補正しないときは、審査庁は、次節に規定する審理手続を経ないで、第45条第1項〔処分についての審査請求の却下〕又は第49条第1項〔不作為についての審査請求の却下〕の規定に基づき、裁決で、当該審査請求を却下することができる。」と規定し、同条2項は、「審査請求が不適法であって補正することができないことが明らかなときも、前項と同様とする。」と規定している。

3　○　同法38条1項前段は、「審査請求人又は参加人は、第41条第1項又は第2項の規定〔審理手続の終結〕により審理手続が終結するまでの間、審理員に対し、提出書類等……の閲覧……又は当該書面若しくは当該書類の写し若しくは当該電磁的記録に記録された事項を記載した書面の交付を求めることができる。」と規定している。

4　×　同法31条1項本文は、「審査請求人又は参加人の申立てがあった場合には、審理員は、当該申立てをした者……に口頭で審査請求に係る事件に関する意見を述べる機会を与えなければならない。」と規定している。

5　○　同法1条1項は、「この法律は、行政庁の違法又は不当な処分その他公権力の行使に当たる行為に関し、国民が簡易迅速かつ公正な手続の下で広く行政庁に対する不服申立てをすることができるための制度を定めることにより、国民の権利利益の救済を図るとともに、行政の適正な運営を確保することを目的とする。」と規定している。同法は、行政庁の処分又は不作為であれば、適用除外に該当するもの（同法7条）を除き、広く行政不服審査法によって不服申立ての対象（同法2条、3条）とする（一般概括主義）。

以上により、誤っているものは肢4であり、正解は4となる。

Chapter 4 行政事件訴訟法

イントロダクション

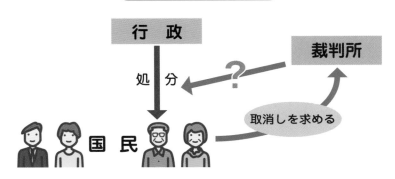

行政を行っていてトラブルが起こり、それが訴訟になった場合に、この
トラブルを裁判所で解決することを行政事件訴訟といいます。
　そして、これを定めているのが行政事件訴訟法です。
　では、行政活動で訴訟になった場合には、いったい何が、どんなふうに
行われるのでしょうか。ここでは、取消訴訟を例に見ていきます。

達 成 度 チェック　正解した問題No.を塗りつぶそう　Chapter 4　問題1　問題2

▶ 総合テキスト Chapter 7 行政事件訴訟法 ❶

1 ｜ 総　説　重要度 B

　行政事件訴訟とは、行政上の法律関係で争いがある場合の訴訟です。この
訴訟の手続について定めた法律を、行政事件訴訟法といいます。

　行政庁に対する不服申立手続には、費用・時間のコストが少ないというメリ
ットがある半面で、行政内部の統制であるがゆえに、判断の公平性・中立性に
問題があるというデメリットがあります。

憲法は、これを考慮して、**適法か違法かの最終的な判断権を行政機関に与えることを禁じています**（憲法76条2項）。ですから、行政事件についても、最終的には裁判所に判断を求めることができます。そして、その手続法として、行政事件訴訟法が制定されたのです。

　行政事件訴訟法は、訴えの種類として、いくつかの形式を定めています。現実には訴えの大部分が取消訴訟のため、ここでは、取消訴訟を説明します。

　取消訴訟とは、行政行為その他の行政庁の公権力の行使により不利益を受けた人が、行政庁の権力行為の違法を主張してその取消しを求め、侵害された自由・財産の回復を図ることを目的とする訴訟のことです。

▶ 総合テキスト Chapter 7 行政事件訴訟法 ❸

2 ┊ 取消訴訟の対象

重要度
A

1 行政庁の処分

　行政事件訴訟法は、行政庁の処分などを取消訴訟の対象としています。

　ここでいう処分とは、行政作用における行政行為とほぼ同じです。

　したがって、命令の制定、行政契約、行政指導などは、原則として処分に該当しません。これらの行為は、それだけでは、国民に対して不利益を与えるものではないからです。

2 裁決・決定

　また、行政事件訴訟法は、**不服申立てに対する裁決・決定も、取消訴訟の対象**としています。なぜ、行政事件訴訟法では、いったん行政が出した結論も対象としているのでしょうか。

　憲法76条2項を見てください。法の支配の見地から、行政機関だけでは、最終的な裁判ができないとあります。このことを受けて、裁判所に最終判断権を与えたというわけです。

用語 ちょっと解説 **法の支配**

　　人権の保障と恣意的権力の抑制とを主旨として、すべての権力に対する法の優越を認める考え方。

行政不服申立てと行政事件訴訟（取消訴訟）は混乱しがちです。
不服申立ては、行政機関に簡単に不服を言うイメージを、取消訴訟は、裁判所で十分に争うイメージを持ちつつ学習しましょう。

3 処分取消訴訟と裁決取消訴訟との関係

1 自由選択主義

　行政庁の処分に不服がある場合、審査請求をすることができるときであっても、取消訴訟を直ちに提起することができます。すなわち、審査請求と取消訴訟の提起のどちらでも自由に選んですることができます。これを自由選択主義といいます。

　もっとも、審査請求に対する裁決を経たときでなければ、取消訴訟を提起することができない旨が法律に定められている場合には、これに従うことになります。これを審査請求前置といいます。これは自由選択主義の例外です。

自由選択主義という言葉は、行政不服審査法の場面でも出てきました。審査請求と取消訴訟の関係については、しっかりと理解しておきましょう。また、行政事件訴訟法を学習するときは、行政不服審査法にも似た制度がないかを確認すると、いっそう学習効果が高まります。

2 原処分主義

　裁決取消訴訟を提起する場合には、処分が違法であることを理由として、裁決の取消しを求めることはできません。裁決の取消しを求める場合は、裁決の権限や手続に問題がある（これを瑕疵といいます）ことを理由にしなければなりません。

　そして、処分について争いたければ、処分取消訴訟を提起しなければならないのが原則です。これを、原処分主義といいます。

処分と、その処分に対する裁決は、別個の行政行為です。ですが、同一の事項を別個の行政行為でそれぞれ主張できるとするのは、裁判所の混乱を招きます。そこで、処分と裁決の両方について取消訴訟を提起できる場合、原処分の違法は原処分の取消訴訟のみで提起できるとしたわけです。

達成度チェック

Date		Date		Date	
/		/		/	

問題1 **行政訴訟の対象になるものはどれか？**
①行政契約　②行政行為　③行政指導

正解はP187

▶総合テキスト Chapter 7 行政事件訴訟法 4

3 ｜ 取消訴訟を提起するための要件

重要度 **B**

訴訟要件としては、次のものがあります

①	行政庁の処分、裁決・決定などがあること
②	訴訟を提起する権限のある者によって、訴訟提起がなされること（原告適格） ※法は、原告適格を法律上の利益を有する者に絞っています。
③	その事件について、訴えの利益があること ※訴えの利益があるとは、処分が取り消された場合に、現実に法律上の利益の回復が得られる状態にあることをいいます。
④	訴訟の相手としてふさわしい者を選択していること（被告適格）
⑤	出訴期間内に訴訟提起がなされること ※原則として、処分又は裁決があったことを知った日から6か月以内に提起しなければなりません。
⑥	審査請求前置の場合は、これを満たすこと

4 : 審理手続

重要度 **B**

　取消訴訟では、処分の適法性のみが審理の対象となります。不服申立てとは異なり、裁量の当・不当は、審理の対象とはなりません。

5 : 判決の種類

重要度 **A**

　どのような場合に、訴訟が終了するのでしょうか。例えば、訴えた人が訴訟を取り下げてやめてしまう、訴えた人が死んでしまった、両者で和解が成立したなどがあります。なお、死んでしまうことで訴訟が終了するのは、訴えた内容が承継できないものであるときです。

　ほかにも、このChapterで学んでいる取消訴訟は、終局判決が出ることで訴訟が終了します。取消訴訟における判決には、以下のものがあります。前に出てきた行政不服審査法の裁決と比べてみましょう。

取消訴訟における判決の種類には、以下のものがあります

却下判決		訴えが訴訟要件を欠いている場合に、訴えを不適法として却下する判決
本案判決	棄却判決	処分の取消しを求める請求に理由がないとして、請求を排斥^{はいせき}する判決
	事情判決	処分を取り消すことにより、公の利益に著しい障害を生ずる場合において、一定の要件のもとに、請求を棄却する判決
	認容判決	処分の取消しを求める請求に理由があると認めて、処分を取り消す判決

▶総合テキスト Chapter 7 行政事件訴訟法 **8**

6 教示制度

重要度

　かつて行政事件訴訟法には、行政不服審査法に定められているような教示制度は置かれていませんでした。この点については、国民の利益保護に十分でないとの批判がなされていました。そこで、改正により教示制度が設けられました。

　もっとも、行政不服審査法と異なり、教示をしなかった場合の規定や、誤った教示をした場合の明文の規定はありません。

> **行政事件訴訟法での教示制度について見てみましょう**

教示が必要な場合	内　容
取消訴訟を提起することができる処分又は裁決を行う場合 ※処分を口頭でするときは、教示する必要はありません。	①取消訴訟の被告とすべき者 ②出訴期間 ③審査請求に対する裁決を経なければ取消訴訟を提起できない場合にはその旨

達成度チェック **解答**

問題1 …②、 問題2 …②

Part4
行政法入門

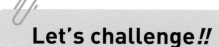

Let's challenge!!

●これまで学習したことを、
　本試験問題で体感しよう！

問題 Xは、Y県内で開発行為を行うことを計画し、Y県知事に都市計画法に基づく開発許可を申請した。しかし、知事は、この開発行為によりがけ崩れの危険があるなど、同法所定の許可要件を充たさないとして、申請を拒否する処分をした。これを不服としたXは、Y県開発審査会に審査請求をしたが、同審査会も拒否処分を妥当として審査請求を棄却する裁決をした。このため、Xは、申請拒否処分と棄却裁決の両方につき取消訴訟を提起した。このうち、裁決取消訴訟の被告はどこか。また、こうした裁決取消訴訟においては、一般に、どのような主張が許され、こうした原則を何と呼ぶか。40字程度で記述しなさい。

(平成27年度　問題44)

（下書用）

									10					15

> 【解答例】被告はＹ県であり、裁決固有の瑕疵のみが主張でき、この原則を原処
> 分主義という。(38字)

　行政事件訴訟法11条1項柱書は、「処分又は裁決をした行政庁（処分又は裁決があ
つた後に当該行政庁の権限が他の行政庁に承継されたときは、当該他の行政庁。以下
同じ。）が国又は公共団体に所属する場合には、取消訴訟は、次の各号に掲げる訴えの
区分に応じてそれぞれ当該各号に定める者を被告として提起しなければならない。」
と規定しており、同項2号は、「裁決の取消しの訴え」においては、「当該裁決をした
行政庁の所属する国又は公共団体」を掲げている。したがって、被告は、Ｙ県開発審
査会の所属するＹ県であることになる。

　次に、同法10条2項は、「処分の取消しの訴えとその処分についての審査請求を棄
却した裁決の取消しの訴えとを提起することができる場合には、裁決の取消しの訴え
においては、処分の違法を理由として取消しを求めることができない。」と規定して
いる。したがって、裁決取消訴訟においては、裁決固有の瑕疵のみを主張することが
許される。

　また、一般に、こうした原則は、講学上、原処分主義と呼ばれる。

国家賠償法

イントロダクション

　国がはじめから悪いことをしようと思って悪事を働くことは、普通は考えられませんが、間違った行政活動によって、結果として、私たち国民が被害を受けるケースがあります。

　そうした場合には、国や地方公共団体に、その損害を賠償させることができます。

　この救済制度を定めた法律が国家賠償法です。

達成度チェック　正解した問題No.を塗りつぶそう　Chapter 5　問題1

▶総合テキスト Chapter 8 国家賠償法 **1**

1 ┊ 総　説
重要度
C

　国家賠償制度とは、公務員の不法行為によって国民が損害を受けた場合に、国民に生じた損害を金銭に見積もって、国や地方公共団体が補塡する制度です。

　国家賠償法は、**公権力の行使に基づく損害賠償責任（1条）**と、**公の営造物の設置管理の瑕疵に基づく損害賠償責任（2条）**を2本柱としています。

　国家賠償法の条文は少ないので、一度読んでおいてください。

2 国家賠償法1条

重要度
A

1 どんなときに成立するか

1条1項は、①国や地方公共団体の公権力の行使にあたる公務員が、②その職務を行うについて、③故意や過失によって、④違法に他人に損害を加えたときは、国や地方公共団体が、これを賠償する責任があるとしています。

①にある「公権力」とは、原則として憲法で出てきた行政権のほか、立法権、司法権が含まれます。

2 責任の効果

①被害者は、国や地方公共団体に対して損害賠償を求めることができます。
②国や地方公共団体が、加害者である公務員に対して求償権を行使することができます。

> **用語** **ちょっと解説** **故意、過失、求償**
>
> 故意：私法上、自己の行為から一定の結果が生じることを知りながらあえてその行為をすること。
>
> 過失：一定の事実を認識することができたにもかかわらず、不注意でそれを認識しないこと。
>
> 求償：一般的には、弁済した者が、他人に対してその返還又は弁済を求めること。

3 国家賠償法2条

重要度
A

1 どんなときに成立するか

2条1項は、①道路や河川などの公の営造物の、②設置や管理に瑕疵があったために、③他人に損害を与えた場合は、国や地方公共団体が、これを賠償する責任があると規定しています。

公の営造物というのは、国や地方公共団体が公共の目的で使っている有体物

Part4 行政法入門

（公物）をいいます。不動産のほか、動産（例えば、拳銃、警察犬、公用車）も含まれます。また、道路などの人工公物（施設）のほか、河川、池沼などの自然公物も国や地方公共団体が管理している限り、公の営造物に含まれます。

2 責任の効果

①被害者は、国や地方公共団体に対して損害賠償を求めることができます。
②国や地方公共団体が、ほかの責任者に対して求償権を行使することができます。

▶ 総合テキスト Chapter 8 国家賠償法 **4**

4 相互保証主義

重要度

被害者が外国人である場合は、原則としては国家賠償請求ができません。ただし、相互の保証があるとき（つまり、その外国において日本人にも国家賠償請求が認められている場合）に限り、国家賠償請求を認めています。これを相互保証主義といいます。

違法な行政活動によって国民に害を及ぼした場合に問題となるのが、国家賠償です。
これに対し、適法な行政活動により個人に損害が発生するときに補償しないとすると、不公平です。そこで、損失補償が憲法や各法律で認められています。

行政法上の救済と民法上の救済

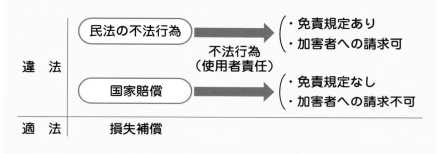

違 法	民法の不法行為 → ・免責規定あり ・加害者への請求可
	不法行為（使用者責任）
	国家賠償 → ・免責規定なし ・加害者への請求不可
適 法	損失補償

Part4

行政法入門

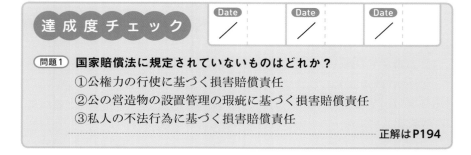

達 成 度 チ ェ ッ ク

Date ／　Date ／　Date ／

問題1　**国家賠償法に規定されていないものはどれか？**
　①公権力の行使に基づく損害賠償責任
　②公の営造物の設置管理の瑕疵に基づく損害賠償責任
　③私人の不法行為に基づく損害賠償責任

正解はP194

Let's challenge!!

● これまで学習したことを、
本試験問題で体感しよう!

問題 A県内のB市立中学校に在籍する生徒Xは、A県が給与を負担する同校の教師Yによる監督が十分でなかったため、体育の授業中に負傷した。この事例につき、法令および最高裁判所の判例に照らし、妥当な記述はどれか。

1　Yの給与をA県が負担していても、Xは、A県に国家賠償を求めることはできず、B市に求めるべきこととなる。

2　Xが外国籍である場合には、その国が当該国の国民に対して国家賠償を認めている場合にのみ、Xは、B市に国家賠償を求めることができる。

3　B市がXに対して国家賠償をした場合には、B市は、Yに故意が認められなければ、Yに求償することはできない。

4　B市がYの選任および監督について相当の注意をしていたとしても、Yの不法行為が認められれば、B市はXへの国家賠償責任を免れない。

5　Xは、Yに過失が認められれば、B市に国家賠償を求めるのと並んで、Yに対して民法上の損害賠償を求めることができる。

(平成28年度　問題20)

※　○：妥当である　　×：妥当でない

1　×　国家賠償法３条１項は、「前２条の規定によつて国又は公共団体が損害を賠償する責に任ずる場合において、公務員の選任若しくは監督又は公の営造物の設置若しくは管理に当る者と公務員の俸給、給与その他の費用又は公の営造物の設置若しくは管理の費用を負担する者とが異なるときは、費用を負担する者もまた、その損害を賠償する責に任ずる。」と規定している。したがって、Ａ県にも国家賠償を求めることができる。

2　×　同法６条は、「この法律は、外国人が被害者である場合には、相互の保証があるときに限り、これを適用する。」と規定しており、外国籍のＸがＢ市に国家賠償請求できるのは、Ｘの本国が日本国民に対して国家賠償請求を認めている場合に限られるので、本記述は妥当でない。

3　×　同法１条１項は、「国又は公共団体の公権力の行使に当る公務員が、その職務を行うについて、故意又は過失によつて違法に他人に損害を加えたときは、国又は公共団体が、これを賠償する責に任ずる。」と規定し、同条２項は、「前項の場合において、公務員に故意又は重大な過失があつたときは、国又は公共団体は、その公務員に対して求償権を有する。」と規定している。したがって、Ｙに重過失がある場合にも、Ｂ市はＹに対して求償することができる。

4　○　同法１条１項には、民法715条１項ただし書のような免責条項が規定されていない。

5　×　判例は、国家賠償請求は、「国または公共団体が賠償の責に任ずるのであつて、公務員が行政機関としての地位において賠償の責任を負うものではなく、また公務員個人もその責任を負うものではない。」としている（最判昭30．4.19）。

以上により、妥当な記述は肢４であり、正解は４となる。

地方自治法

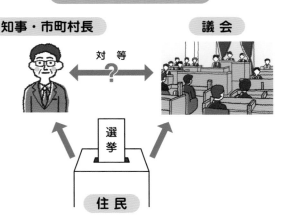

イントロダクション

知事・市町村長　　　　　　議　会

対　等

選挙

住　民

　地方自治法は、広い意味での行政組織法の１つです。
　最近では、テレビやニュースでよく目にするように、地方が脚光を浴びています。その地方の組織や運営について定めている法律が、地方自治法なのです。

達成度チェック　正解した問題No.を塗りつぶそう　Chapter 6　問題1　問題2　問題3　問題4

▶総合テキスト Chapter 10地方自治総論 **1** **2**

1 地方公共団体の組織

重要度
C

1 総　説

　地方自治法は、憲法92条が規定する地方自治を具体的に定めた法律です。
地方自治の本質的な要素は、①住民自治と、②団体自治の２つです。

憲法では、「地方自治の本旨」と呼ばれるところです。

地方自治が住民の意思で行われることをたとえて、「地方自治は民主主義の学校である」といわれることがあります。

❶ 住民自治

　住民自治とは、内閣や省庁など、国から干渉（かんしょう）されることなく、地方行政をその地方の住民の意思で自主的に行うことをいいます。住民の意思に基づいた政治によって、地方の実情にあった行政を行い、地域住民固有の利益を実現することが可能になります。

❷ 団体自治

　団体自治とは、国から独立して法人格を持った地域の団体を設け、この団体が地方行政を担当することをいいます。地理的環境、生活環境などの利害が共通する地域の住民が一体となることで、国からの不当な干渉に対抗することができるのです。

② 地方公共団体の種類

地方公共団体は以下のように分類されます

```
                  ┌─ 都道府県  ┐
    普通地方公共団体 ─┤           ├ 憲法上の地方公共団体は、
                  └─ 市町村    ┘  この2つだけ

                  ┌─ 特別区
    特別地方公共団体 ─┼─ 地方公共団体の組合 ─┬─ 一部事務組合
                  └─ 財産区              └─ 広域連合
```

行政法入門　Part4

達成度チェック

Date	Date	Date
/	/	/

問題1　地方自治の本質でないものはどれか？
　　　①住民自治　②団体自治　③広域連合

正解はP202

▶総合テキスト Chapter 11 住民の直接参政制度 **1** **2**

2 ｜ 住民の直接参政制度

重要度

1 選　挙

選挙権とは、選挙人となるための資格をいいます。

満18歳以上の日本国民（日本国籍を有する者）で、引き続き３か月以上市町村の区域内に住所がある人は、その属する地方公共団体の議会の議員や長の選挙権を持ちます。

2015年６月、公職選挙法等の一部を改正する法律が成立し、公布されました（2016年６月19日施行）。これにより、年齢満18年以上満20年未満の者も選挙に参加することができることとされました。

被選挙権とは、公職の選挙に立候補できる資格をいいます。立候補する職種によって、被選挙権が与えられるための要件が異なります。

2 直接請求

地方の政治は、地域住民の利害に深くかかわるものが多いので、住民が直接コントロールできる余地を広く認める必要があります。そこで、直接請求制度が設けられました。直接請求には、次のように６種類があります。

直接請求について、押さえておきましょう

要　件	種　類	請求先
有権者の50分の1以上の連署	条例の制定・改廃請求	長
	事務の監査請求	監査委員
有権者の3分の1以上の連署	議会の解散請求	選挙管理委員会
	議員の解職請求	
	長の解職請求	
	役員の解職請求	長

　国では、国民が議会の解散や内閣総理大臣の解任を要求する直接参政制度が認められていません。国の直接参政的な制度としては、わずかに憲法改正の国民投票、最高裁判所の裁判官の国民審査、地方自治特別法に対する住民投票のみです。これに対し、地方自治では、直接参政制度が多く認められているのが特徴です。

達成度チェック

Date	Date	Date
／	／	／

問題2 **住民が直接請求できるものはどれか？**
①衆議院の解散請求　②地方公共団体の議会の解散請求
③法律の制定・改廃請求

正解は**P202**

➤総合テキスト Chapter 12地方公共団体の機関 **1** **2**

3 地方公共団体の機関

重要度 **A**

1 議　会

　地方公共団体が意思決定をして行政を行うためには、機関の存在が不可欠で

す。地方自治法は、地方公共団体の議決機関として、議会（ぎかい）に関する規定を設けています。

　ただし、国会が国権の最高機関であることと異なり、**議会は、地方公共団体の最高機関ではありません**。議会は、長と対等の関係にあり、それぞれ法定された自己の権限を、自らの判断と責任のもとに行使します。

2 執行機関

　執行機関（しっこうきかん）とは、地方公共団体の事務を、議会の意思に拘束されることなく、自らの判断と責任において、誠実に管理・執行する義務を負う機関をいいます。普通地方公共団体の執行機関には、長（ちょう）と行政委員会（ぎょうせいいいんかい）（委員を含む）があります。

❶ 長

　都道府県に知事を置き、任期は4年とします。市町村に市町村長を置き、任期は4年とします。**補助機関**は、長の職務執行を補助するための機関です。

❷ 行政委員会・行政委員

　行政委員会は、複数の委員から成る合議制の機関（執行機関）です。**合議制とは、集まって議論しながら物事を決めること**です。行政委員は、原則として単独で職務を行う独任制の機関（執行機関）です。例えば、監査委員（かんさいいん）などがあります。

3 議会と長の関係

　議会と長は、議事機関と執行機関として区別され、お互いにチェックしあう関係に立ちます。代表的なものとして、①長は議会の議決に異議があるときは、再度議決させることができること（拒否権）と、②議会は長に対する不信任議決ができ、これに対し長は議会の解散権を有していることが挙げられます。

▶総合テキスト Chapter 13 地方公共団体の権能 1 2

4 | 地方公共団体の権能

重要度 **B**

Part4

行政法入門

1 事務処理

　地方公共団体の事務には、大きく分けて、①自治事務（じちじむ）と、②法定受託事務（ほうていじゅたくじむ）の2つがあります。

地方公共団体の事務には次の2つがあります

	自治事務	法定受託事務
定　義	地方公共団体が処理する事務のうち、法定受託事務以外のもの	国等が本来果たすべき役割にかかるものであって、国等においてその適正な処理を特に確保する必要があるものとして、法律又は政令により、特に地方公共団体にその処理が委託される事務
議決事項の追加	条例で広く議決事項を追加できます。	国の安全に関することその他の事由により議会の議決すべきものとすることが適当でないものとして政令で定めるものを除き、条例で議決事項を追加できます。
条例制定権	あ　り	

2 条例の制定

条例とは、地方公共団体が制定する自主法です。

条例は、**地方公共団体の事務に関する限り、法律の範囲内で制定することが**できます。

これは、憲法94条で決まっていることです。地方自治法は、憲法と比べるとよりわかりやすいですよ。

達成度チェック

Date	Date	Date
/	/	/

問題4 **地方公共団体の権能とされているものはどれか？**

①条例の制定　②外交関係の処理　③条約の締結

正解はP202

達成度チェック 解答

問題1…③、 問題2…②、 問題3…③、 問題4…①

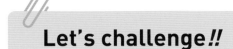

Let's challenge!!

●これまで学習したことを、本試験問題で体感しよう!

問題 住民について定める地方自治法の規定に関する次のア～オの記述のうち、正しいものの組合せはどれか。

ア　市町村の区域内に住所を有する者は、当該市町村およびこれを包括する都道府県の住民とする。

イ　住民は、日本国籍の有無にかかわらず、その属する普通地方公共団体の選挙に参与する権利を有する。

ウ　住民は、法律の定めるところにより、その属する普通地方公共団体の役務の提供をひとしく受ける権利を有し、その負担を分任する義務を負う。

エ　日本国民たる普通地方公共団体の住民は、その属する普通地方公共団体のすべての条例について、その内容にかかわらず、制定または改廃を請求する権利を有する。

オ　都道府県は、別に法律の定めるところにより、その住民につき、住民たる地位に関する正確な記録を常に整備しておかなければならない。

1　ア・ウ
2　ア・オ
3　イ・ウ
4　イ・エ
5　エ・オ

（令和2年度　問題22）

ア　○　地方自治法10条1項は、「市町村の区域内に住所を有する者は、当該市町村及びこれを包括する都道府県の住民とする。」と規定している。

イ　×　同法18条は、「日本国民たる年齢満18年以上の者で引き続き3箇月以上市町村の区域内に住所を有するものは、別に法律の定めるところにより、その属する普通地方公共団体の議会の議員及び長の選挙権を有する。」と規定し、日本国籍であることを要するとしている。したがって、本記述は、「日本国籍の有無にかかわらず」としている点が誤りである。

ウ　○　同法10条2項は、「住民は、法律の定めるところにより、その属する普通地方公共団体の役務の提供をひとしく受ける権利を有し、その負担を分任する義務を負う。」と規定している。

エ　×　同法74条1項は、「普通地方公共団体の議会の議員及び長の選挙権を有する者……は、政令で定めるところにより、その総数の50分の1以上の者の連署をもつて、その代表者から、普通地方公共団体の長に対し、条例（地方税の賦課徴収並びに分担金、使用料及び手数料の徴収に関するものを除く。）の制定又は改廃の請求をすることができる。」と規定し、選挙権を有する者である必要があり、また、条例の内容によっては請求することができないものもある。したがって、本記述は、「日本国民たる普通地方公共団体の住民は」としている点、及び「すべての条例について、その内容にかかわらず」としている点が誤りである。

オ　×　同法13条の2は、「市町村は、別に法律の定めるところにより、その住民につき、住民たる地位に関する正確な記録を常に整備しておかなければならない。」と規定している。したがって、本記述は、「都道府県」としている点が誤りである。

以上により、正しいものの組合せは肢1であり、正解は1となる。

Part 5

基礎法学入門

達成度チェック表

正解した問題の数だけ下のマスを塗りつぶそう！
弱点科目がわかるよ！

憲法
あと一歩！　　理解十分！　問題数 ⑥

3　　　　　6

民法
⑧

4　　　　　8

商法
⑥

3　　　　　6

行政法
⑯

8　　　　　16

基礎法学
③

2　　　3

基礎知識
⑪

6　　　　　11

基礎法学とは

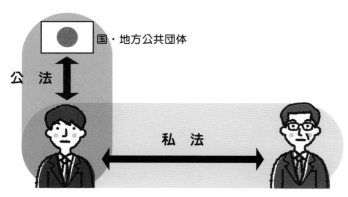

イントロダクション

国・地方公共団体

公　法

私　法

　基礎法学は、個別の法令を学習するにあたり必要となる、汎用的な法知識や法的素養の有無を問う観点から出題されています。もっとも、行政書士試験に出題される個別法令を習得すれば、基礎法学の知識として知らなければならないことは少なくてすみます。初学者の人は、最低限ここに載っている事柄をまずは覚えていきましょう。

達成度チェック　正解した問題No.を塗りつぶそう　Chapter 1　問題1　問題2　問題3

▶ 総合テキスト Chapter 1 法学概論

1 ｜ 公法と私法

重要度
C

　ここまで、行政書士試験に出題される法（律）について概観してきました。

　法律には様々な分類の仕方がありますが、ここでは公法と私法の分類について見ていきます。公法と私法は、誰と誰との関係を規律するかによって区別されます。

1 公 法

公法とは、国又は地方公共団体と、その構成員（国民、住民）との間の統治関係を規律する法をいいます。

例えば、憲法、行政法、刑法、訴訟法等があります。

1 憲 法

憲法は、国の組織・活動の根本を定める、国の基礎法です。

日本国憲法のような憲法典だけでなく、皇室典範、国会法等も、実質的意味での憲法に属します。

2 行政法

行政法は、行政の活動の準則、機関、設備に関する法です。

国家行政組織法、国家公務員法、警察法、地方自治法、教育基本法等がこれに属します。

3 刑 法

刑法は、犯罪及び刑罰に関する法です。

刑法という名の法律だけでなく、軽犯罪法、火炎びんの使用等の処罰に関する法律等、犯罪と刑罰に関するすべての法が、実質的意味での刑法に属します。

4 訴訟法

訴訟法は、裁判所における訴訟手続を定めた法です。

訴訟法の主なものとして、民事訴訟法と刑事訴訟法があります。民事訴訟法は、私人間の争いに関する訴訟手続を定めた法であり、刑事訴訟法は、犯罪者に対し刑罰を科すための裁判手続、及びその前段階である犯罪の捜査に関する手続を定めた法です。

2 私 法

私法とは、個人相互の私的生活関係を規律する法をいいます。

例えば、民法、商法等があります。

① 民　法

　民法は、私人の日常生活（社会生活）に関する法であり、主に私人の財産関係、家族関係を規律します。

　民法という名の法律のみならず、私人の日常生活を規律する法のすべてが実質的意味での民法に含まれます（借地借家法等）。

② 商　法

　商法は、商取引、すなわち商人と商行為に関する法です。

　形式的には商法典を指しますが、実質的には手形法、小切手法等の商取引に関する法のすべてがこれに含まれます。また、商取引の主体（株式会社、合名会社、合資会社等）の組織を定める法（会社法）も同様です。

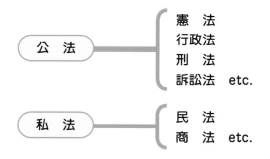

　このように、法は誰と誰との関係を規律するかによって区別されます。

　すなわち、国又は地方公共団体とその構成員を規律する法は、公法と呼ばれ、個人相互の私的生活関係を規律する法は、私法と呼ばれます。

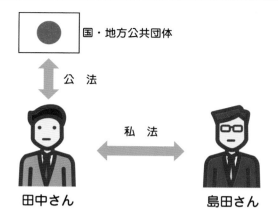

公法と私法の区別について、具体的なイメージをつかんでください

国・地方公共団体

公　法

私　法

田中さん　　　　　　　　　　島田さん

達成度チェック

Date	Date	Date
／	／	／

問題1 **次の記述のうち、誤っているものはどれか？**

①国又は地方公共団体と、その構成員（国民、住民）との間の統治関係を規律する法を、憲法という。

②行政の活動の準則、機関、設備に関する法を、行政法という。

③個人相互の私的生活関係を規律する法を、私法という。

正解はP213

問題2 **法を公法と私法とに分類した場合、憲法、民法、商法、刑法及び行政法のうち、公法に属するものはいくつあるか？**

①一つ　②二つ　③三つ

正解はP213

▶総合テキスト Chapter 1 法学概論**2**

2 ┃ 一般法と特別法

重要度 **C**

　民法と商法（会社法を含む）は、個人相互の私的生活関係を規律する法律です。

　民法は、例えば私人であるAさんとBさんとの間で生じる問題のように、私たちの一般の生活関係を規律する法律です。

　商法（会社法を含む）は、私たちの一般の生活関係の中でも、T食堂株式会社

やY精肉店といった企業の商取引関係を規律する法律です。

　法は、適用の対象が、限定されているのかいないのかによっても区別されます。

> 民法の適用される範囲と商法の適用される範囲は、この図のような関係になっています

　すなわち、人・地域・事柄などについて、具体的に限定しないで適用される法は、一般法と呼ばれ、特定の人・地域・事柄などについてだけ適用される法は、特別法と呼ばれます。

　したがって、商法（会社法を含む）は、一般法である民法に対して特別法の関係にあります。

　そして、商法（会社法を含む）は、民法に優先して適用され、民法は、商法（会社法を含む）に規定がないものについて補充的に適用されます。

　つまり、特別法が一般法に優先するということになります。

　　　特別法　　＞　　一般法

▶総合テキスト Chapter 1 法学概論

3 ｜「法」と「法律」

重要度 **C**

　この本には、法や法律という言葉が何度となく登場しました。では、法と法律は、同じものなのでしょうか。違うものなのでしょうか。

1 「法」と「法律」

法と法律は、しばしば同じ意味に用いられることもありますが、まったく同じものではありません。

法は、法律より広い範囲のものを意味し、法律をも含む上位概念です。

これに対し法律とは、一般に、国会が両議院の議決（憲法59条1項）を経て制定した法のことをいいます。

法と法律は、この図のような関係になっています

法
法　律
法　律　　　法　律
法　律

2 「法」とは

法とは何かを定義することは、大変難しく、ギリシア、ローマの時代から議論されていますが、確定した結論は出ていません。

そこで、さしあたり、法とは、共同生活を円滑に営むためのルールであり、そのルールを守らない人に対しては国家によって罰則などの一定の制裁が科されるもの、つまり、国家による強制力を伴う社会的ルールであると考えるとよいでしょう。

法には、憲法、法律などの成文法（文書で書き表され、一定の形式及び手続に従って公布される法のことです）だけでなく、慣習法（慣習に基づいて成立する法のことです）、判例法（裁判所の判決が、先例として後の裁判を拘束する力を持つに至ったもののことです）、条理（いわゆる道理のことです）などの不文法（文書以外の形で存在する法のことです）も含まれます。

用語 ちょっと解説　先例

　法律的な明文の規範がない場合に、事を決めるにあたっての基準となる前例のこと。

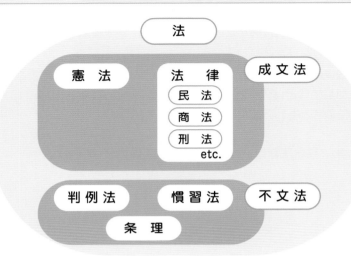

法には、これらのものが含まれます

法

憲　法

法　律
　民　法
　商　法
　刑　法
　　　etc.

成　文　法

判例法　慣習法
条　理

不　文　法

 Date ／　 Date ／　 Date ／

問題3　**次の記述のうち、誤っているものはどれか？**

①人・地域・事柄などについて、具体的に限定しないで適用される法は、特別法と呼ばれる。

②特別法と一般法では、特別法が優先する。

③法には、憲法や法律などの成文法だけでなく、慣習法、判例法、条理などの不文法も含まれる。

正解は**P213**

達成度チェック　解答

問題1…①、問題2…③、問題3…①

Let's challenge!!

●これまで学習したことを、
本試験問題で体感しよう!

問題 「法」に関する用語を説明する次のア～オの記述のうち、妥当なものの組合せはどれか。

ア　自然法に対して、国家機関による制定行為や、慣習などの経験的事実といった人為に基づいて成立した法を「実定法」という。

イ　手続法に対して、権利の発生、変更および消滅の要件など法律関係について規律する法を「実質法」という。

ウ　ある特別法との関係において、当該特別法よりも適用領域がより広い法を「基本法」という。

エ　社会の法的確信を伴うに至った慣習であって、法的効力が認められているものを「社会法」という。

オ　渉外的な法律関係に適用される法として、国際私法上のルールによって指定される法を「準拠法」という。

1　ア・イ　　2　ア・オ　　3　イ・ウ　　4　ウ・エ　　5　エ・オ

（平成30年度　問題2）

Part5
基礎法学入門

※　○：妥当である　　×：妥当でない

ア　○　「実定法」の説明については、記述アのとおりである。実定法は、制定法や慣習法などがその基本形態であり、「自然法」の対立概念である。

イ　×　記述イは、「実体法」についての説明である。実体法は、法律関係（権利義務、犯罪の要件と効果など）の内容を定めた法であり、それを実現する手続を定めた法である「手続法」の対立概念である。例えば、民法、商法、刑法などは実体法に分類され、民事訴訟法、刑事訴訟法などは手続法に分類される。

ウ　×　記述ウは、「一般法」についての説明である。適用の対象が特定の事物、人などに限定されている法を特別法といい、このような限定がない法を一般法という。特別法は一般法に優先して適用され、特別法の規定がない場合に一般法が補充的に適用される。例えば、民法と商法は一般法と特別法の関係にある。

エ　×　記述エは、「慣習法」についての説明である。慣習法は、人々の間で行われる慣習規範であり、法的効力を有する（法の適用に関する通則法３条参照）。

オ　○　「準拠法」の説明については、記述オのとおりである。準拠法は、国際私法によって、法律関係を規律すべきものとして決定された法である。日本では、「法の適用に関する通則法」が国際私法の中心的な法源とされる。

以上により、妥当なものの組合せは肢２であり、正解は２となる。

行政書士の仕事

広がりをみせる行政書士の役割

　これまでも行政書士の業務は徐々に広がってきましたが、2014年6月の行政書士法改正により、行政書士の業務に行政不服申立ての代理権が新たに加わりました。

　行政から不利益な処分を課された場合、例えば営業の停止処分をされたような場合に、その停止処分は間違った処分だから取り消してほしいと考えたとします。そのときに争っていく方法は大きく2つあります。

　1つは、裁判です。裁判所に取消訴訟という訴えを起こします。

　そして、もう1つが行政不服申立てです。こちらは裁判所ではなく、行政機関、例えば停止処分をした行政庁の上級行政庁に対して処分の取消しを求めるものです。

　従来、この2つは弁護士しかできませんでしたが、2014年6月の行政書士法改正によって、行政不服申立てについては新たに行政書士（一定の研修課程を修了した特定行政書士）も行うことができるようになりました。これにより、官公署に提出する書類等の作成・提出を行うことを業とし、行政に関する手続を熟知する行政書士が、行政不服申立てまで一貫して取り扱えることとなったわけです。

　役割が増えることはたいへん結構なことです。ただ、忘れないでほしいこともあります。

　それは、役割が増えるということは、それだけ責任も重くなるということです。より一層、自己研鑽に努めなければなりません。

　相田みつをさんの「一生勉強　一生青春」という有名な言葉がありますが、まさしく行政書士は「一生勉強」を続けなければならないものといえるかもしれません。これもまた、社会に役割を求められ、責任を負う者の使命なのだろうと思います。

　行政書士試験に限りませんが受験勉強というものは、一生勉強をし続ける仕事の"はじめの一歩"なのかもしれません。

行政書士事務所 ちょっと拝見

独立・開業し、活躍している実務家行政書士を紹介！

行政書士 タナカ事務所
行政書士　田中充子先生

プロフィール・自己紹介

1959年生まれ

夫の経営する果物屋「くだもの専科喜連」を手伝いながら（2007年11月には、「フルーツアドバイザー」資格取得）、義父母との同居、介護、子育てを経て、還暦を機に行政書士試験に挑戦

2020年度　行政書士試験合格

2021年5月　大阪府八尾市に「行政書士 タナカ事務所」を開業

2022年5月　大阪府行政書士会東大阪支部監事（研修担当）に就任

主な取扱業務

　許認可申請業務、中小企業の補助金申請サポート業務などのご依頼をいただいています。特に現在は、補助金受給のための事業計画書作成から申請のサポートなどが多く、また、地元八尾市の無料相談会の相談員として、相続、成年後見などのご相談にも対応しています。

行政書士の魅力

　義父母を見送り、子供たちも自立していく中で、自身のやりたいことは何か、何かで誰かのお役に立てることはないか？と模索した結果、出会ったのが行政書士でした。

　実家の製造工場や夫の果物屋での仕事で経営者として苦労したことが、お客様である経営者の方々を理解することにつながり、お客様の立場に立ったサポートができることに魅力を感じています。

　特に、許可申請が通り、新事業を立ち上げたり、更に新たな事業計画を補助金などで後押ししたりする等、お客様に寄り添い、共に成長させていただけることは、思っていた以上の感動があります。

　幅広い業務を扱える行政書士だからこそ、トータルでご要望にお応えし、コロナ禍などの逆境にもお客様と共に立ち向かうことができます。身近で頼りになる存在が、行政書士だと思っています。これからも、私自身がもっと力をつけることで、更にお客様に喜んでいただけるよう努力していきたいと決意しています。

ある日の一日のスケジュール

05：00 起床
家事（洗濯、掃除、弁当作りなど）

07：00 くだもの専科喜連にて、果物屋の仕事

11：00 お客様事務所にて、申請手続サポート

13：00 昼食、休憩

14：00 事務所にて申請書類作成

18：00 zoom研修参加

19：00 業務終了

20：00 夕食、家事

23：00 就寝

行政書士試験 受験勉強のポイント！

条文学習法

　行政書士試験では、条文や判例の知識が問われるので、これらを正しく理解しておくことが重要です。そこで、ここでは、条文の読み方をお話ししておきます。

　法令は、基本的に本則と附則で構成されています。実質的な規定が本則にあり、附則には経過措置や付随的な内容が書かれています。また、本則の条文は、論理的体系のもとに以下のような構造になっています。

$$(編) → 章 → 節 → 款 → (目)$$

　1条ずつの構造は以下のようになっています。

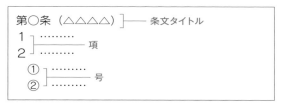

　基本的構文は、主文・従文、主語・述語から構成されています。

　主文の主語は「○○は、……」と表現されていますが、この形式がすべて主文の主語を指すわけではなく、目的語を倒置することもあります。また、主語が省略されることもあります。従文（場合・とき）の主語は一般的に「○○が……」と表現され、主文と共通の場合は省略されます。

　用語にも決まったルールがあります。代表的なものを挙げておきます。これらは、基礎法学の問題として出題されることもあるので、しっかり覚えておきましょう。

法律基礎用語	働　き	使い方
「又は」と「若しくは」	あるものを選択する場合に用いる。	・単なる選択には「又は」を用いる。 ・選択的に並べられる語句に段階がある場合には、1番大きな意味の語句のつながりには「又は」を、2番目以下の意味の語句のつながりには「若しくは」を用いる。
「及び」と「並びに」	いくつかの事項を併合する場合に用いる。	・単なる併合には「及び」を用いる。 ・併合させる語句に段階がある場合には、1番小さな意味の語句のつながりには「及び」を、それよりも大きな意味の語句のつながりには「並びに」を用いる。
「以上」と「超える」	数量を限定する場合に用いる。	・基準点となる数量を含む場合は「以上」を、含まない場合は「超える」を用いる。
「以下」と「未満」		・基準点となる数量を含む場合は「以下」を、含まない場合は「未満」を用いる。

Part **6**

基礎知識入門

達成度チェック表

正解した問題の数だけ下のマスを塗りつぶそう！
弱点科目がわかるよ！

| | | あと一歩！ | | 理解十分！ | 問題数 |

憲法
　　　　　　3　　　　　　6　　　　　**6**

民法
　　　　　　4　　　　　　　8　　　　**8**

商法
　　　　　　3　　　　　　6　　　　　**6**

行政法
　　　　　　8　　　　　　　16　　　　**16**

基礎法学
　　　　　　2　　　　　　3　　　　　**3**

基礎知識
　　　　　　6　　　　　　　11　　　　**11**

基礎知識とは

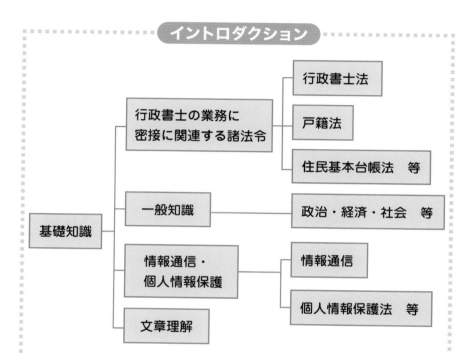

基礎知識はとても出題範囲が広く、対策が立てづらい科目です。とはいえ、その中でも、法令等科目と同様の対策をすることで対応できるものや、本試験で出題されやすいテーマもありますので、それらを中心に押さえていくとよいでしょう。このパートでは、文章理解を除いたものの概要を載せています。

近年の行政書士法改正や行政書士に期待される役割の拡大などを踏まえ、試験科目のうち、従来の「行政書士の業務に関連する一般知識等」（一般知識等）を「行政書士の業務に関し必要な基礎知識」（基礎知識）と改め、その基礎知識に含まれる範囲について以下のように整理されることになったんだ。

従来の試験（〜2023年度）	改正後の試験（2024年度〜）
「一般知識等科目」 ① 政治・経済・社会 ② 情報通信・個人情報保護 ③ 文章理解	「基礎知識科目」 ① 行政書士法等行政書士業務と密接に関連する諸法令（※1） ② 一般知識（※2） ③ 情報通信・個人情報保護 ④ 文章理解

※1　「行政書士法等行政書士業務と密接に関連する諸法令」については、以下の法令が出題され得る。
　　　→「行政書士法」「戸籍法」「住民基本台帳法」等
※2　従来の「政治・経済・社会」の分野は、「一般知識」の分野において出題され得る。

この試験制度の改正は、従来の試験の内容や出題範囲を変更するものではないとされているよ。出題分野やテーマがより明確にされたということだね。この改正は、2024（令和6）年度に実施される試験から適用されるよ。

　Part6では、文章理解を除いた、行政書士の業務に密接に関連する諸法令、一般知識、情報通信・個人情報保護の中から、基本的なものを載せてあります。重要な項目から効率よく習得していってください。

Part6

基礎知識入門

諸法令

イントロダクション

　「行政書士業務と密接に関連する諸法令」については、2024（令和6）年度から出題科目の改編により出題されることになりました。具体的には、「行政書士法」「戸籍法」「住民基本台帳法」などの法令が出題されます。法令等科目と同じような対策をしていきましょう。

達　成　度　チ　ェ　ッ　ク　　正解した問題No.を塗りつぶそう　**Chapter 2**　問題1　問題2　問題3

▶ 総合テキスト Chapter 1 行政書士法

1 ┃ 行政書士法

重要度
A

1 行政書士になるための要件

行政書士になるためには、次の要件を満たす必要があります。

①	資格条項に該当すること（資格の積極要件）
②	欠格事由に該当しないこと（資格の消極要件）
③	登録を受けること

1 行政書士となる資格を有する者

行政書士となる資格を有する者には、次の3種類があります。

①	行政書士試験に合格した者
②	弁護士などの他の資格を有する者
③	行政事務担当経験20年以上の者（高等学校を卒業した者は17年以上）

2 欠格事由

破産者で復権を得ない者、禁錮以上の刑に処せられた者で、その執行を終わり、又は執行を受けることがなくなってから3年を経過しない者等は、行政書士となる資格を有しません。

3 登　録

行政書士試験に合格し、かつ欠格事由に該当しない者は、行政書士となる資格を有します。

しかし、ここまででは単なる有資格者にすぎません。実際に行政書士としてその業務を行うためには、さらに行政書士名簿に日本行政書士会連合会（日行連）が定める事項について登録を受けなければなりません。

行政書士の業務は国民の権利義務にかかわるため、その人が行政書士であるかどうかを公に証明する必要があるんですね。

登録には期間や更新手続などの規定はないので、一度受けた登録は取消し・抹消などの特別の事由がない限り、無期限に有効です。

なお、行政書士名簿は日行連に備えてあり、登録は日行連が行います。

2 行政書士の業務

行政書士は、他人の依頼を受け、報酬を得て、次の事務を業とすることができます。これらは、法定業務と呼ばれます。

①	官公署に提出する書類、その他権利義務又は事実証明に関する書類の作成
②	官公署提出書類の提出手続の代理、聴聞手続・弁明手続の代理
③	行政書士が作成した官公署に提出する書類に係る許認可等に関する不服申立ての手続についての代理等
④	契約書等の書類作成の代理
⑤	書類作成の相談

❶ 書類の作成業務

　行政書士の業務は、まず書類の作成です。これを、他人の依頼により、報酬を得て行います。作成する書類は、次の3種類です。

書類の種類	具体例
官公署に提出する書類	許可・認可申請書、各種届出など
権利義務に関する書類	売買契約書、賃貸借契約書、各種示談書など
事実証明に関する書類	履歴書、内容証明郵便、会計帳簿、決算書類など

　この業務は、行政書士の独占業務とされており、行政書士でない者が他人の依頼を受け、報酬を得て、業として上記業務を行うことはできません。
　ただし、以上の書類であっても、他の法律でその作成業務が制限されているものは作成できません。

行政書士が作成できない書類例を見てみましょう

資　格	独占業務
弁護士	訴訟事件・非訟事件に関する書類等
税理士	所得税・法人税・住民税・事業税等の申告書等
司法書士	不動産登記申請書、商業登記申請書、供託書等
社会保険労務士	労働及び社会保険に関する法令に基づいて行政機関等に提出する書類

❷ 官公署提出書類の提出手続及び聴聞・弁明手続の代理業務

　行政書士は、他人の依頼を受け報酬を得て、その作成することができる官公署提出書類の提出手続について代理することができます。単に書類を提出するだけではなく、官公署からの問い合わせに対し、依頼人の代理人として行政書

士自身の判断で対応することができます。

　また、行政庁が不利益処分をしようとする場合に必要となる聴聞手続、弁明手続についても、行政書士は代理人となることができます。

❸ 行政書士が作成した官公署に提出する書類に係る許認可等に関する不服申立ての手続についての代理業務等

　例えば、飲食店の営業を行うことなどについて行政庁に申請をし、許可を得たとしても、その後、これが取り消されるなどの不利益処分を受けることがあります。この場合、処分を受けた者がその処分に不服がある場合、裁判所に処分の取消しを求める方法のほか、行政庁に対して不服を申し立てる方法が認められています。

　研修課程を修了した行政書士（特定行政書士といいます）は、一定の行政に対する不服申立てについて依頼者に代理することができます。

❹ 契約書等の書類の作成に関する代理業務

　行政書士は、他人の依頼を受け報酬を得て、その作成することができる契約その他に関する書類を、代理人として作成することができます。

　一般私人間の契約であっても、争訟性のないものについては、行政書士が代理人として交渉・契約締結できます。

❺ 書類の作成に関する相談業務

　行政書士は、他人の依頼を受け報酬を得て、その作成することができる書類の作成について、相談に応ずることを業とすることができます。行政書士に上に挙げたような代理権が与えられたことにより、書類作成についての相談のみならず、書類作成段階での法律判断を含む相談を行うことが期待されています。

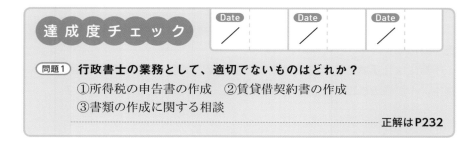

達成度チェック

Date ／　　Date ／　　Date ／

問題1　**行政書士の業務として、適切でないものはどれか？**
①所得税の申告書の作成　②賃貸借契約書の作成
③書類の作成に関する相談

正解はP232

Part6
基礎知識入門

2 : 戸籍法

重要度 **B**

1 戸籍・戸籍簿とは

　戸籍とは、国民の身分関係を登録し、かつ公に証明する公文書です。これに対し、住民の居住関係を登録・公証するのが住民基本台帳です。

　親子関係や夫婦関係などの身分関係は、民法に定められています。この身分関係は、人が生まれ、結婚し、子を産み、そして死ぬといった一定の事実や行為を要件として発生します。

　そこで、これらの事実や行為を一定の帳簿に登録して公に証明し得るようにしておくことが、後日、相続や納税などの際に発生するおそれのある問題を防ぐために必要となります。そのための帳簿が、戸籍簿です。

2 戸籍事務

　戸籍に関する事務は、市町村長が管掌します。つまり、戸籍事務は市町村長が自分の担当の仕事として責任を持って取り扱います。

市町村長が管掌するのは、戸籍に関する事務を明治初年以来、市町村長が担当してきた経緯や、国民と密接な関係にある市町村長に任せるのが国民にとって便利で効率的であることが理由とされています。

3 戸籍に関する帳簿

　戸籍は、原則として、市町村の区域内に本籍を定める一組の夫婦及びこれと氏を同じくする子ごとに編製されます。

　戸籍には、正本と副本を設けます。正本は、市役所、又は町村役場に備え、副本は、管轄法務局、若しくは地方法務局、又はその支局が保存します。

4 戸籍の記載

戸籍には、まず本籍が記載されます。また、戸籍内の各人について、以下の事項が記載されます。

①	氏　名
②	出生の年月日
③	戸籍に入った原因及び年月日
④	実父母の氏名及び実父母との続柄
⑤	養子であるときは、養親の氏名及び養親との続柄
⑥	夫婦については、夫又は妻である旨
⑦	他の戸籍から入った者については、その戸籍の表示
⑧	その他法務省令で定める事項

戸籍は、届出等により記載します。

5 新戸籍の誕生

結婚して婚姻届を提出すると、原則として新しい戸籍が作られます。

また、戸籍の筆頭者の夫婦の子にさらに同氏の子（養子も含む）ができた場合には、新しく親となった者について新たに戸籍を編製します。この規定によって、親子３代が同じ戸籍に記載されることはなくなります（三代戸籍禁止の原則）。

6 除　籍

除籍とは、戸籍からその者を消除することをいいます。

新戸籍を編製され、又は他の戸籍に入る者は、それまで記載されていた戸籍から除籍されます。

また、死亡した者、失踪宣告を受けた者、又は国籍を失った者も除籍されます。

7 戸籍の公開

　個人の人権やプライバシーの保護の観点から、閲覧制度を廃止し、戸籍謄本と抄本の交付請求については、特定の人を除きその請求事由を明らかにしなければならず、不当な目的によることが明らかな場合には、交付を拒み得るとしています。

用語 ちょっと解説 謄本・抄本

　「原本」に対する用語。「謄本」は原本内容の全部を転写したもの。「抄本」は原本内容の一部を転写したもの。

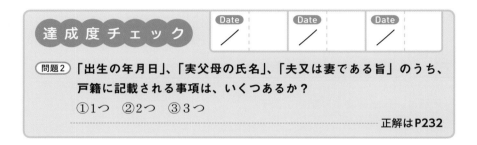

達 成 度 チ ェ ッ ク

Date　／　　Date　／　　Date　／

問題2　「出生の年月日」、「実父母の氏名」、「夫又は妻である旨」のうち、戸籍に記載される事項は、いくつあるか？
①1つ　②2つ　③3つ

正解はP232

▶ 総合テキスト Chapter 3 住民基本台帳法

3 ┊ 住民基本台帳法

重要度
B

1 住民基本台帳・住民票

1 住民基本台帳

　住民基本台帳とは、個人を単位とする住民票を世帯ごとに編成して作成した台帳をいいます。

　住民基本台帳は、住民の居住関係を公に証明し、選挙人名簿の登録その他の住民に関する事務処理の基礎とするなどのためのものです。

世帯は、1つの生活単位として把握するもので、一般に、住居と生計を共にする人の集まりや独立して住居を維持する単身者をいうんだ。これに対して、身分関係を公証するのが戸籍簿だよ。
「戸籍の筆頭者」と「世帯主」は同じ意味のように見えるけれど、2つは全く違うものなんだ。戸籍の筆頭者は、戸籍簿の索引となるもので、例えば婚姻をした場合、婚姻後に夫婦で称する氏を婚姻前から称している人が戸籍の筆頭者となるよ。これに対して、世帯主は、世帯の生計を維持して社会的にその世帯の代表者と見られる人のことをいうんだ。

2 住民票

住民票とは、市町村の住民の氏名、出生年月日、男女の別、世帯主との関係、戸籍の表示、住民票コード、その他の事項を記載、又は磁気ディスクに記録したものをいいます。

2 住民基本台帳の作成・備付け

1 住民基本台帳の作成

住民基本台帳は、市町村長が、個人を単位とする住民票を世帯ごとに編成して作成します。

個人単位の住民票を世帯ごとに編成するのは、個別に対応するよりもまとめてできるのならまとめてやってしまったほうが、住民の利便の増進や行政の合理化に資するからです。

2 住民基本台帳の備付け

市町村は、市町村長が作成した住民基本台帳を備えなければなりません。

3 住民票の記載

1 住民票の単位

　住民票は個人を単位とするのが原則ですが、市町村長が適当であると認めるときは、世帯を単位とすることもできます。

2 住民票を作成する物

　住民票は、磁気ディスクその他これに準ずる物によって作成することもできます。

3 住民票の記載等

　住民票の記載、消除、又は記載の修正は、住民基本台帳法の規定による届出に基づき、又は職権で行います。

4 閲覧・交付請求

1 住民基本台帳の一部の写しの閲覧

　住民基本台帳の一部の写しを閲覧することができるのは、おおむね以下のような場合等に限定されています。これは個人情報の保護に十分留意をする趣旨です。

　なお、営利目的での閲覧はできません。

・国又は地方公共団体の機関が、法令で定める事務の遂行のために閲覧する場合
・世論調査、学術研究等の公益性の高い調査研究のために必要とされる場合

2 住民票の写し等の交付請求

　①と同様の趣旨から、住民票の写し等の交付請求も、以下のような場合等に限定されています。

・自己又は自己と同一世帯に属する者による請求
・国又は地方公共団体の機関による請求

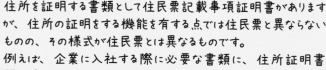

住所を証明する書類として住民票記載事項証明書があります
が、住所の証明をする機能を有する点では住民票と異ならない
ものの、その様式が住民票とは異なるものです。
例えば、企業に入社する際に必要な書類に、住所証明書
類が含まれることがありますが、このようなときには、住民票記
載事項証明書を利用することがあります。その理由として、住
民票にすると、住所証明以外の個人情報が明らかにされてし
まうことが挙げられます。

5 住民基本台帳ネットワークシステム

　住民基本台帳ネットワークシステム（住基ネット）とは、住民基本台帳に関す
る事務処理を、専用回線を通じたネットワークによって、市町村の区域を越え
て行い、あるいは一定の個人情報を国や他の自治体などに提供するためのシス
テムをいいます。
　国や自治体が各種申請・届出の本人確認に住基ネットを利用できるため、申
請者は、住民票の写しを添付する必要がなくなります。

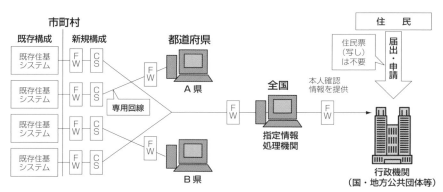

※　CS（コミュニケーションサーバ）：各市区町村にすでに設置されている住民基本台帳事務の
　ためのコンピュータと住民基本台帳ネットワークシステムとの橋渡しをするために新たに設置す
　るコンピュータ
※　FW（ファイアウォール）：不正侵入を防止する装置

問題3 「出生の年月日」、「男女の別」、「世帯主との関係」のうち、住民票に記載される事項は、いくつあるか？

① 1つ　② 2つ　③ 3つ

正解はP232

達 成 度 チ ェ ッ ク　解答

問題1 …①、　問題2 …③、　問題3 …③

Part 6

基礎知識入門

イントロダクション

　「一般知識」については、従来の試験における「政治・経済・社会」で出題されていた内容が出題され得る、とされています。「政治・経済・社会」では、政治や社会に関する基本的な知識から時事問題まで幅広く出題されています。対策が立てづらい分野ですが、まずは基本的な事項をしっかりと押さえていきましょう。

達成度チェック　正解した問題No.を塗りつぶそう　**Chapter 3**　問題1　問題2　問題3　問題4　問題5　問題6

▶総合テキスト Chapter 4 政治 **1** **7**

1 政　治

重要度
A

1 政治体制

　政治の基本として、権力分立が現代においてどのように変容しているのかを中心に見ていくことにします。Part 1 の憲法入門の統治機構にある権力分立の

図を思い出してください。

　国家権力が単一の国家機関に集中すると、権力が濫用され、国民の権利・自由が侵されるおそれがあります。そこで、国家の作用を立法・行政・司法とに区別し、それを異なる機関どうしで相互に均衡と抑制を保たせる制度が権力分立です。このうちの立法と行政の関係について代表的なのが、議院内閣制と大統領制です。日本においては、議院内閣制が採用されています。

議院内閣制と大統領制の違いについて理解しましょう

	議院内閣制	大統領制
イメージ		
具 体 例	イギリス	アメリカ
権力分立との関係	緩やかな分離	厳格な分離
民主主義との関係	内閣の中心となる首相は議会（下院）により選出される。	大統領は、選挙人を通じた国民の間接選挙により選出される。
議会との関係	・内閣不信任制度あり ・解散制度あり	・不信任制度なし ・解散制度なし

2 選挙制度

　Part 1 憲法入門のChapter 2の参政権のところで述べたとおり、国民は国政に参加する権利を持っています。この権利（参政権）を保障するためには、選挙制度が重要になってきます。選挙制度としての選挙区制には、小選挙区制、大選挙区制、比例代表制があります。

　小選挙区は1人の議員を選出する選挙区、大選挙区は2人以上の議員を選出する選挙区です。また、比例代表は多数派と少数派の得票数に比例した議員を選出する方式です。

　各選挙区制には、次ページに挙げたような特色があります。

名　称	長　所	短　所
小選挙区	・二大政党となり政局が安定 ・選挙費用が節約できる ・候補者の情報を得やすい	・死票が多くなる ・競争が熾烈になりやすい
大選挙区	・死票が減少する ・広い視野を持った候補者が得やすくなる	・選挙運動費用がかさむ ・小党分立により、政局が不安定になりやすい ・候補者についての情報を得にくい
比例代表	・死票が減少する ・民意を反映しやすい	・政局不安定 ・政党本位の投票がなされる

日本では、衆議院の選挙制度は、小選挙区比例代表並立制(小選挙区制と比例代表制とを組み合わせ、それぞれの制度で別個に選出する制度)がとられています。また、参議院の選挙制度は、選挙区制及び比例代表制(非拘束名簿式)がとられています。

3 国際政治

　国際政治の基本は、国際連合です。本試験でもこの分野から出題されていますので、まずは、イメージが持てるようにしてください。

1 国際連合

　第一次世界大戦後、アメリカ大統領ウィルソンが、集団安全保障を基本原理とする国際連盟の設立を提唱しました。これが受け入れられ、第一次世界大戦の講和条約であるヴェルサイユ条約で国際連盟が設立されました。しかし、国際連盟は、制度上いくつかの問題点を抱えていました。

　第1に、提唱国であるアメリカをはじめとして、大国が参加しなかったことです。

　第2に、総会や理事会で全会一致制をとっていたことです。1国の反対で議

Part6 基礎知識入門

決ができず、有効・迅速な対応ができませんでした。

　第3に、違反国への制裁手段が経済的・外交的手段に限られていたことです。国際連盟は軍縮を唱え、戦争に訴える前に平和的解決手段を尽くすよう義務づけていたものの、戦争に対して武力制裁を行えず、平和維持の機能を十分に発揮することができなかったのです。

　こうした原因から、国際連盟は第二次世界大戦の勃発を防ぐことができませんでした。これらの反省を踏まえて、第二次世界大戦（1939 ～ 1945年）の連合国であるアメリカ・イギリス・中国・ソ連を中心に練られた世界的な国際平和機構の計画の具体化として、国際連合が誕生しました。ニューヨークに本部が置かれ、2023年5月現在193か国が加盟しています。

2022年のロシアによるウクライナ侵攻に対して、国連総会は、ロシアを非難し、軍の即時撤退などを求める決議を採択しましたね。

| 国際連合（国連）の主な専門機関を押さえておきましょう ||||

機関名	略　称	概　要
国 際 労 働 機 関	ILO	労働条件の改善を国際協力のもとに推進する。
国 連 食 糧 農 業 機 関	FAO	食糧及び農産物の生産、流通及び農村住民の生活条件を改善する。
国連教育科学文化機関	UNESCO	教育、科学、文化に関する国際協力を推進し、世界の平和と安全に貢献する。
世 界 保 健 機 関	WHO	国際的保健事業の中心機関として調整にあたる。
国 際 通 貨 基 金	IMF	為替相場の安定を促進し、為替制限を撤廃して経済成長を促進させる。
国 際 復 興 開 発 銀 行（世界銀行）	IBRD	加盟途上国を対象に貸付けを行い、貧困のない世界を目指す。

2 世界貿易機関（WTO）

　国際連合の関連機関における重要なものとして世界貿易機関（WTO）があります。WTOは、1995年、ウルグアイ・ラウンドでの合意を受け、国家間貿易が自由・円滑に行われることを目的として、関税及び貿易に関する一般協定（GATT）に代わって発足した国際機関です。2023年6月現在164か国・地域が加盟しており、本部は、スイスのジュネーブにあります。

　GATTとの大きな違いは、GATTが加盟国間の協定にすぎなかったのに対して、WTOは法的拘束力を持つ国際機関となったことです。また、GATTが農業分野を除くモノの貿易のみを対象としていたのに対して、WTOは農業やサービス分野、さらには貿易に関する特許や知的所有権などの新分野も広くカバーしていることです。

達成度チェック

Date	Date	Date
/	/	/

問題1　次の記述のうち、正しいものはどれか？

①第一次世界大戦後、アメリカ大統領ルーズベルトが、集団安全保障を基本原理とする国際連盟の設立を提唱した。

②国際連合の本部は、スイスのジュネーブに置かれている。

③国際連合には、現在、190を超える国が加盟している。

—— 正解はP245

問題2　次の国連の機関に関する記述のうち、正しいものはどれか？

①労働条件の改善を国際協力のもとに推進する機関を国際保健機構という。

②IMFとは、国際通貨基金のことをいう。

③UNESCOとは、国際復興開発銀行をいう。

—— 正解はP245

2 経 済

1 財　政

1 財政とは

　財政とは、国家が国民から税金を徴収し、予算を組んで税金を何にどの程度使うかを決定し、それを実際に支出するという一連の作業のことです。国家が使用する費用は、国民が負担するもので、財政を適切に運営することは、国民の重大な関心事です。そこで、日本国憲法では、財政に関する決まりを置いて、国民の代表機関である国会にコントロールさせる財政民主主義（憲法83条）を採用しています。また、税金を新たに賦課したり、変更する場合などは、法律や条例に基づくことが必要です（同法84条）。これを租税法律主義といい、歳入面から財政民主主義を定めたものです。

2 財政状況

　日本の財政状況は、これまでの多額の公債発行の結果、危機的な状況にあるといわれています。2023（令和5）年度当初予算によれば、2023年度において一般会計予算に占める公債金収入の割合を示す公債依存度は31.1%、2023年度末の公債残高は1000兆円を超える見込みです。このような公債発行が続くと、今後の金利の動向によっては利払費が増加し、一般歳出を圧迫して財政の硬直化が深刻化するばかりでなく、クラウディング・アウト効果やインフレを生じさせるおそれがあります。

　新型コロナウイルス対策等のため、2020年度は、3次にわたる補正予算が編成され、決算ベースで、公債発行額は約108兆円、公債依存度は73.5%となったんだ。

3 国　債

　国債とは、広い意味では、国の債務、すなわち借金のことをいい、狭い意味では、国の借金のうち、証券を発行するものをいいます。
　国債の発行は、財政法4条1項の規定により、公共事業費、出資金及び貸付

金の財源に充てる場合にのみ認められています。これを建設国債の原則といいます。

　ただし、建設国債の発行によっても歳入不足が見込まれる場合には、公共事業費以外に充てる資金を調達することを目的として、特別の法律によって特例国債（赤字国債）を発行することがあります。

4 地方財源

1 地方債

　地方債とは、地方公共団体が経費を補うために行う借金のうち、債券を発行するものをいいます。地方債は原則として、公営企業（交通、ガス、水道など）の経費や建設事業費の財源を調達する場合においてのみ発行できることとなっています。

2 地方税

　地方税とは、地方公共団体が独自に課す税をいいます。地方税は、課税徴収に関する基本的事項については地方税法により税目と税率が定められていますが、細目については各地方公共団体がそれぞれの事情により条例で定めます。地方公共団体の歳入のうちおよそ40％を占めています。

3 地方交付税

　地方交付税とは、地方公共団体間の財源の水準維持と地方公共団体に必要な財源を確保するため、使途を限定せずに国から地方公共団体に交付するものをいいます。

2 金　融

　この分野で押さえてほしいのは、日本銀行の業務と金融政策です。日本銀行は国の中央銀行として、景気調整のために貨幣の供給量（マネーストック）を増減させる政策を行います。具体的には、公開市場操作、法定準備率（支払準備率）操作、基準割引率および基準貸付利率（公定歩合）操作があります。これらによって、好況期のときには過熱を抑制する政策をとり、不況期には景気を刺激する政策をとることになります。

　日本銀行等は金融方針を決めると、その方針を実現するために、公開市場操

作等を行って、金融市場における資金の総量を調整していきます。

❶ 公開市場操作

　公開市場操作とは、国債等を市場で売買することによりマネーストックを調整し、日本の景気を調整する政策のことです。この公開市場操作によるマネーストックの調整方法には、買いオペレーションと売りオペレーションがあります。次の図のように、買いオペレーションを行うと市場における貨幣を増やすことができ、逆に売りオペレーションを行うと、市場における貨幣を減らすことができます。

買いオペレーションと売りオペレーションについてイメージしておきましょう

〈買いオペレーション〉　　　　　〈売りオペレーション〉

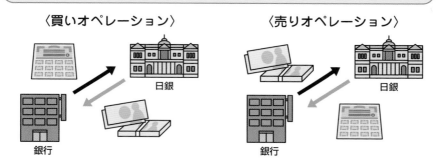

❷ 法定準備率（支払準備率）操作

　法定準備率（支払準備率）とは、法令で定められている銀行の預金のうち、日本銀行に預けておく部分の比率のことです。
　法定準備率（支払準備率）操作とは、法定準備率（支払準備率）を変更することによりマネーストックを調整する政策をいいます。法定準備率（支払準備率）を引き下げることで銀行が自由に使える貨幣が増えるため、結果的に、マネーストックが増加します。反対に、法定準備率（支払準備率）を引き上げることで銀行が自由に使える貨幣が減るため、結果的にマネーストックが減少します。

❸ 基準割引率および基準貸付利率（公定歩合）操作

　基準割引率および基準貸付利率（公定歩合）とは、民間銀行が中央銀行から貨幣を借りる場合に支払う金利のことです。銀行が中央銀行から貨幣を借りる場合、基準割引率および基準貸付利率（公定歩合）が低いほど、銀行は貨幣を借り

やすくなります。したがって、基準割引率および基準貸付利率（公定歩合）を引き下げると銀行の借り入れが増え、マネーストックが増加します。逆に引き上げると銀行の借り入れが減るので、マネーストックが減少します。

4 その他の金融政策

　近年のデフレから脱却するために、日本銀行は、無担保コールレートを実質ゼロまで引き下げる「ゼロ金利政策」や、金融市場調節の誘導目標を、金利から日本銀行当座預金残高とし、資金量に着目した「量的緩和政策」、日本銀行に預け入れる預金（法定準備預金以外の預金）の金利をマイナスにする「マイナス金利政策」などを導入しています。

達成度チェック

Date /	Date /	Date /

問題3 **次の記述のうち、誤っているものはどれか？**

①財政とは、国家が国民から税金を徴収し、予算を組んで税金を何にどの程度使うかを決定し、それを実際に支出するという一連の作業のことをいう。

②地方税とは、地方公共団体が独自に課す税をいい、地方公共団体の歳入のうちおよそ40％を占めている。

③地方交付税は、地方公共団体間の財源不均衡の調整等のため、使途をあらかじめ制限して国から地方公共団体に交付される。

正解はP245

問題4 **次の記述のうち、誤っているものはどれか？**

①法定準備率とは、法令で定められている銀行の預金のうち、日銀に預けておく部分比率のことである。

②公開市場操作によるマネーストックの調整方法である買いオペレーションを行うと、市場における貨幣を減らすことができる。

③基準割引率および基準貸付利率（公定歩合）とは、日本銀行が市中銀行に貨幣を貸し出すときの利子率のことをいう。

正解はP245

3 ┊ 社 会

重要度
A

1 社会保障

　社会保障を構成する社会保険は、私たちの日常生活に密接にかかわっています。具体的には医療保険、年金保険、雇用保険、労働者災害補償保険、介護保険があり、生活を脅かす様々な事柄に対して給付を行うよう体系化されています。

　年金、医療、介護等の社会保障制度は、急速な少子高齢化の進行により、給付の面でも負担の面でも国民生活にとって大きな比重を占めるようになってきており、家計や企業の経済活動に与える影響も大きくなっています。そのため、社会保障制度に関する国民の関心が高まっています。また制度の持続可能性の確保や世代間・世代内の不公平の是正が、今後の重要な課題となっています。

わが国の年金制度の概観を見てみましょう

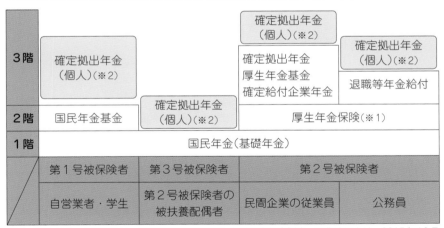

※1　厚生年金・共済年金は、2012年に閣議決定した被用者年金制度一元化法により、2015年10月から一元化されました。

※2　2017年1月から、第3号被保険者や公務員も、個人型確定拠出年金（iDeCo）に加入可能となりました。

2 社会問題

1 少子化

　日本では、1人の女性が一生のうちに産む子どもの数を示す合計特殊出生率は、1989年に戦後最低の1.57に落ち込み（1.57ショック）、2005年には1.26と過去最低を更新しました。2006年から若干上向き、2019年には1.36となりましたが、人口を一定に維持するためには、2.07程度が必要だといわれており、現在も、この数値を大きく下回っています。少子化が続けば、将来的には労働力人口の減少による経済成長の制約、医療や年金などの社会保障費等の負担増が考えられます。

2 高齢化

　わが国の総人口は、2023年3月1日現在、約1億2,456万人ですが、65歳以上の高齢者人口は、約3,618万人であり、総人口に占める割合（高齢化率）は29％を超えています。

　今後、総人口が減少する中で、高齢化率は上昇し、2042年以降は高齢者人口が減少に転じても高齢化率は上昇するとされています。さらに、2065年には高齢化率は38.4％に達し、2.6人に1人が65歳以上、75歳以上人口が総人口の25.5％となり4人に1人が75歳以上になると見込まれています。

3 環　境

1 環境基本法

　環境基本法とは、1992年の国連環境開発会議（地球サミット）を契機に、日本の環境政策の方向を示す新たな基本法として1993年11月に制定された法律のことをいいます。

　国際協調による地球環境保全を積極的に推進し、これらの施策を実現するにあたり、国、地方自治体、事業者、国民の4者について、それぞれの責務を明示しています。

近年話題のSDGs（持続可能な開発目標）では、「持続可能な生産・消費」、「気候変動への対策」、「海の豊かさを守る」、「生物多様性」など、環境とかかわりが深い目標（ゴール）が多く掲げられています。

② 京都議定書

二酸化炭素等の温暖化ガス排出量の削減計画を定めた議定書です。気候変動枠組条約の内容を具体的に実施に移すため、1997年、同条約の第3回締約国会議で採択されました。先進国に二酸化炭素等6種類の温室効果ガスの法的拘束力を持つ排出削減目標が定められ、日本の目標値は基準年に対して6%減となりました。2001年1月、アメリカが一方的に離脱を表明して問題となっている一方、ロシアが2004年11月に批准を決め、2005年2月に議定書が発効されました。

③ パリ協定

パリ協定は、2015年に、京都議定書に代わる2020年以降の温室効果ガス排出削減等のための新たな国際枠組みとして、第21回気候変動枠組条約締約国会議で採択され、2016年11月に発効しました。歴史上はじめて先進国・開発途上国の区別なく気候変動対策の行動をとることが義務づけられ、産業革命前からの気温上昇を2度より低く抑え、1.5度未満を努力目標とすることが掲げられています。

パリ協定をめぐっては、アメリカの動向がニュースになりましたね。2017年にトランプ大統領（当時）が離脱を表明しましたが、2021年にバイデン大統領のもとで復帰しました。基礎知識の対策では、普段からニュースをチェックしておくことも大切です。

問題5 **次の記述のうち、誤っているものはどれか?**

①日本の社会保険には、医療保険、雇用保険、介護保険などがあり、様々な事柄に応じて給付が行われている。

②日本の公的年金制度は、国民年金（基礎年金）と、それに上乗せして支給される厚生年金保険等の階層的な構造になっている。

③国民年金の第1号被保険者には、厚生年金に加入している会社員や公務員が該当する。

正解はP245

問題6 **次の記述のうち、誤っているものはどれか?**

①人口を一定に維持するためには、出生率3.0が必要である。

②一般に高齢者とは、65歳以上のことをいい、日本の総人口の29%以上を占める。

③日本の環境政策の方向を示す新たな基本法として1993年11月に制定された法律を環境基本法という。

正解はP245

達 成 度 チ ェ ッ ク **解答**

問題1 …③、 問題2 …②、 問題3 …③
問題4 …②、 問題5 …③、 問題6 …①

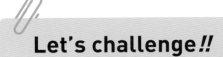

Let's challenge!!

●これまで学習したことを、
本試験問題で体感しよう!

問題 国際連合と国際連盟に関する次の記述のうち、妥当なものはどれか。

1 　国際連合では太平洋憲章が、国際連盟ではローズヴェルトの平和原則14
か条が、それぞれ成立に至るまでの過程において出された。

2 　国際連合ではアメリカのニューヨークに、国際連盟ではフランスのパリ
に、それぞれ本部が設置された。

3 　国際連合では日本は原加盟国ではなく現在まで安全保障理事会の常任理
事国でもないが、国際連盟では原加盟国であり理事会の常任理事国でもあ
った。

4 　国際連合では米・英・仏・中・ソの5大国がすべて原加盟国となったが、
国際連盟ではアメリカは途中から加盟しソ連は加盟しなかった。

5 　国際連合では制裁手段は経済制裁に限られているが、国際連盟では制裁
手段として経済制裁と並んで軍事制裁も位置づけられていた。

(平成27年度　問題47)

※ 　○：妥当である　　×：妥当でない

1 　×　国際連合は、1945年に国際連合憲章に基づき設立された国際機構であり、
国際連合憲章の基本理念となったのは、1941年にアメリカ大統領のフラン
クリン・ローズヴェルトと、イギリス首相のウィンストン・チャーチルによ
って調印された「大西洋憲章」である。また、平和原則14か条は、アメリ
カ大統領「ウィルソン」が1918年に発表した平和原則であり、国際連盟は、
ウィルソンが14か条の原則で提案し、ヴェルサイユ条約で規約が定められ、
1920年に成立した。

2 　×　国際連盟の本部は、1920年から1936年まではスイスのジュネーヴのパ
レ・ウィルソンに、1936年からは同じくジュネーブのパレ・デ・ナシオン
に設置されていた。なお、国際連合の本部がアメリカのニューヨークに設置
されたとする点は正しい。

3 　○　そのとおりである。日本は、国際連合の原加盟国でもなく、現在まで安全
保障理事会の常任理事国でもないが、国際連盟では原加盟国であり、1920年、

国際連盟が発足した当初の常任理事国は、イギリス、フランス、日本(大日本帝国)、イタリア王国の４か国であった。

4　×　前半の記述は正しく、国際連合では米・英・仏・中・ソの５大国がすべて原加盟国となった。しかし、国際連盟では、アメリカは上院共和党の反対で参加せず、ソ連は1934年に加盟したものの1939年に除名された。

5　×　国際連合では、制裁手段として経済制裁と並んで軍事制裁も位置づけられているが、国際連盟では経済制裁のみで侵略に対する制裁のための軍事力を持たなかったため、紛争の解決が困難であった。

以上により、妥当なものは肢３であり、正解は３となる。

情報通信・個人情報保護

　主に情報に関する用語の意味や、個人情報保護法をはじめとする情報に関する法律の知識が問われます。例えば「AI」に関する用語など、近時話題になっているものについては、普段から意識して調べておくことが大切です。情報に関する法律については、法令等科目のつもりで学習をするとよいでしょう。

達 成 度 チ ェ ッ ク　　正解した問題No.を塗りつぶそう　Chapter 4　問題1　問題2

▶総合テキスト Chapter 7 情報通信・個人情報保護 **2**

1 情報通信

重要度
B

1 オンライン申請の流れ

　行政書士の業務には、官公署に提出する電磁的記録の作成業務が含まれてお

り、その業務等にかかる個人情報の適正な取扱いが要請されています。そこで、ここでは、情報通信についてイメージが持てるよう、行政書士の業務に関連したオンライン申請の流れを見てみましょう。

　オンライン申請とは、従来書面により行っていた申請・届出を、インターネットを利用して行うシステムのことです。オンライン申請を利用することにより、行政機関の窓口に出向くことなく、自宅やオフィス等からインターネットによる申請・届出や許可書等の公文書の取得ができるようになります。

　次のオンライン申請の流れ図は、1つの例です。

オンライン申請の流れの例を見てみましょう

窓口・郵送・ダウンロード等で環境設定プログラムを入手します。

①申請に適合しているパソコンかどうかを確認する

②環境設定

③電子証明書の取得

④申請データ作成・提出

⑤申請状況の照合

⑥許可書の取得

オンライン申請では、他人になりすまして申請をしたり、申請書の内容が盗聴・改ざんされないよう、申請書に電子的な署名をするため認証局による電子証明書を取得する必要があります。

申請に必要なデータを入力していきます。

行政書士が代理申請するので委任状も添付します。

申請者IDを使用して申請した場合、申請書の審査状況をパソコン上で照会できます。

許可通知と電子許可証を取得します。

2021年9月に「デジタル庁」が設置されるなど、近年、デジタル社会の形成が進められています。2019年に施行された「デジタル行政推進法」では、基本原則として、「個々の手続・サービスが一貫してデジタルで完結すること」などを掲げていて、行政手続(申請や申請に基づく処分通知)について、オンライン実施を原則化することが想定されています。

2 情報セキュリティ

情報セキュリティには、物理的セキュリティとソフト的セキュリティがあります。

物理的セキュリティとは、コンピュータでなくても被ることのある盗難や災害、事故などの危険に対する防御策をいい、ソフト的セキュリティとは、不正アクセスやコンピュータウィルスなどの危険に対する防御策をいいます。一般的に情報セキュリティというときは、後者を指す場合が多くなっています。

2つの情報セキュリティを比べてみましょう

	具体例	対策例
物理的 セキュリティ	盗難、破壊など	設置施設の施錠
	地震、落雷、火災、水害	耐震、耐火構造
	停電、システム障害	無停電電源装置、バックアップ
ソフト的 セキュリティ	不正アクセス	ファイアウォール、パスワード
	盗聴、改ざん、なりすまし	暗号化、電子署名、電子認証
	ウィルス	対策ソフト、バックアップ

▶ 総合テキスト Chapter 7 情報通信・個人情報保護 ❹

2 ｜ 個人情報保護

重要度
A

1 個人情報保護法

個人情報保護法とは、個人情報の保護に関する施策の基本となる事項を定め、国及び地方公共団体の責務等を明らかにするとともに、個人情報を取り扱う民間事業者（個人情報取扱事業者）や行政機関の遵守すべき義務を定めた法律です。事業者や行政機関は、次のような義務を負っています。

個人情報保護法の概要について見てみましょう	
①	個人情報の利用目的の特定、目的外利用の制限
②	個人情報の不正取得の禁止、取得に際しての利用目的の通知
③	個人情報の正確性の確保等
④	第三者提供の制限
⑤	保有個人データの公表等、開示・訂正等、利用停止等

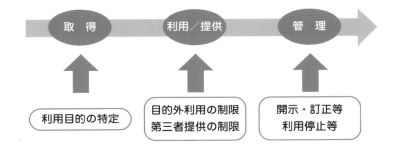

2 マイナンバー法

マイナンバー法(行政手続における特定の個人を識別するための番号の利用等に関する法律)は、2013年5月に公布され、2015年10月から段階的に施行されています。

1 個人番号

個人番号(マイナンバー)とは、国民一人ひとりが持つ12桁の番号のことであり、住民票を有するすべての者に1人1つの番号が付与されます。外国籍の者であっても、中長期在留者、特別永住者などで住民票がある場合には、マイナンバーが付与されます。

2 利用範囲

社会保障、税、災害対策等を中心とする分野で効率的に情報を管理し、複数の機関に存在する個人の情報が同一人の情報であることを確認するために活用されます。

❸ 個人番号カード

　市区町村長は、当該市区町村が備える住民基本台帳に記載されている者から申請があった場合、個人番号カード（マイナンバーカード）を交付します。

達 成 度 チ ェ ッ ク

 Date ／ Date ／ Date ／

問題1 次の記述のうち、誤っているものはどれか？

①行政書士の業務には、官公署に提出する書類につき、その電磁的記録を作成することも含まれる。

②デジタル行政推進法は、各種の申請はオンラインでの実施を原則とする一方、許認可の通知は安全性を考慮し、書面による交付を原則としている。

③不正アクセスは、物理的セキュリティとソフト的セキュリティのうち後者に該当し、その対策としてパスワードの設定がある。

正解はP252

問題2 次の記述のうち、誤っているものはどれか？

①個人情報保護法において、原則として、個人情報の利用目的を特定する必要がある一方、目的外利用は禁止される。

②個人情報保護法において、原則として、第三者に個人情報を提供することが制限される。

③外国籍の者については、中長期在留者、特別永住者などで住民票がある場合でも、マイナンバーが付与されることはない。

正解はP252

達 成 度 チ ェ ッ ク　解答

問題1 …②、　問題2 …③

Let's challenge!!

● これまで学習したことを、本試験問題で体感しよう!

問題 情報セキュリティの用語に関する次の説明のうち、妥当でないものはどれか。

1　ウィキリークス

政治、行政、ビジネス、宗教などに関する機密情報を匿名で公開するウェブサイトの一つであり、アメリカ政府の外交機密文書が公開されるなど話題となった。

2　IPアドレス

通信する相手(コンピュータ)を一意に特定するため、インターネットに直接接続されるコンピュータに割り振られる固有の数値をいう。

3　フィッシング

電子メールやWWWを利用した詐欺の一種で、悪意の第三者が企業等を装い、偽のサイトに誘導し、クレジットカード等の情報を入力させて盗み取る手法をいう。

4　公開鍵暗号

暗号化と復号のプロセスにそれぞれ別個の鍵(手順)を使って、片方の鍵を公開できるようにした暗号方式である。

5　ファイアウォール

火事の際の延焼を防ぐ「防火壁」から取られた用語で、企業などが管理するサーバ・マシンを物理的に取り囲んで保護する装置をいう。

(平成27年度　問題55)

※　○:妥当である　　　×:妥当でない

1　○　ウィキリークスとは、匿名により投稿された政治、行政、ビジネス、宗教などに関する機密情報をインターネット上で公開する民間ウェブサイトのことをいう。2007年に創設され、非営利のメディア組織によって運営されている。アメリカ政府の外交機密文書の公開をはじめ、これまでにウィキリークスのサイト上では、多数の映像や文書などが公開されている。

2　○　IPアドレスとは、インターネットやLANなどのIPネットワークに接続されたコンピュータや通信機器1台1台に割り振られる識別番号のことをい

う。IPアドレスは、IPネットワーク上の住所又は電話番号のようなものともいわれている。

3　○　フィッシングとは、金融機関（銀行やクレジットカード会社）などの企業を装った電子メールを送り、氏名、住所、口座番号、クレジットカード番号などの個人情報を盗み取る行為のことをいう。電子メールのリンクから偽サイト（フィッシングサイト）に誘導し、そこで個人情報を入力させる手口が一般的に使われている。

4　○　公開鍵暗号とは、暗号化と復号化とで異なる鍵を使用する暗号方式のことをいう。一方の鍵を公開鍵、もう一方を秘密鍵とすることで、途中で覗き見されることなくデータを送信したり、改ざんを検知できたりする。多くの人と暗号化して情報のやり取りをするときに有効で、電子証明書やデジタル署名等で使用されている。

5　×　ファイアウォールとは、外部のネットワークと内部のネットワークを結ぶ箇所に導入することで、外部からの不正な侵入を防ぐことができるシステムのことをいう。

　　　ファイアウォールには"防火壁"の意味があるが、それは、内部のコンピュータネットワークの安全を維持することを目的としたソフトウェアの技術概念のことであり、企業などの管理するサーバ・マシンを物理的に取り囲んで保護する装置のことではない。

以上により、妥当でないものは肢5であり、正解は5となる。

あとがき

　本書は、行政書士試験をはじめて受験される方が、本格的な学習を始める導入部分として、まさに**行政書士試験合格への第一歩**をスムーズに踏み出すことができるように作りました。

　行政書士試験は、憲法、民法などの法令だけでなく、一般知識や情報通信・個人情報保護なども出題され、他の法律系の資格試験と比べても学習範囲がかなり広い試験です。ですから、この試験の合格を目指すのであれば、**広範囲にわたってそれなりに深い知識**を備えていかなければなりません。

　このように聞くと、最初から深い知識を学習しないといけない焦燥感を感じる方もいるかもしれません。

　ところが実は、どの科目を学習するにせよ、重要になってくるのが、まずは学習対象の**基本的な全体構造を理解**することなのです。

　詳しく書かれた書籍だけで学習をすると、どうしてもこの部分に意識がいかず、最初から細かい知識を覚えようとしてしまい、結果的に理解ができずに、丸暗記したことで満足しがちです。

　しかし残念ながら行政書士試験は、広範囲な学習が必要とされ、また問題も決して易しくないため、**丸暗記で対応できるような試験ではありません**。そこで、本書は、行政書士試験そのものや憲法、民法などの各科目の全体像、そして体系をわかりやすくイメージできるようにしました。2020年度版からは、視覚的な見やすさとより学習意欲を高めることを追求し、フルカラーとしました。視覚効果も加わり、学習範囲の全体構造が見えてくると、勉強も一気に進むことでしょう。**ぜひ楽しく学習してもらいたい**と思います。

　ところで、本書は全体像を説明しているといっても、それぞれの部分はかなり本質的なことから分析を加えていますから、ある程度行政書士試験を学習された方が、**基本的事項の確認をする上でも有効**です。ですから、この『うかる！ 行政書士 入門ゼミ』は、学習の導入時期だけではなく、受験学習の中期、直前期などの**節目にも目を通してほしい**と考えています。

　複雑・多様化する社会情勢、高度情報通信社会の進展、司法制度改革などの変革にあわせて、行政書士試験制度は変化をし続けています。行政書士試験制度は、2006（平成18）年度に大きく変化しました。また、2024（令和6）年度より、一般知識等科目が基礎知識科目へ変更となり、行政書士法等の出題が

明記されました。これは、世の中の変化に伴い、社会から行政書士に求められる役割が増大し、「提出手続代理」「書類作成代理」ができるようになるなど、業務の幅が拡がってきているため、その資格の登用試験にも、これまで以上に法律家としての素養・資質を試すよう要求されたことに原因があります。

　伊藤塾では、このように**社会から求められる役割とそれに伴う責任が増大している行政書士**が、これからの時代、成功していくためには、①**理念**と②**事業者としての意識**をあわせ持つ必要があるだろうと考えています。そして、これらは受験生時代から培うことができるものです。

　そこで、行政書士としての理念と事業者としての意識についても、受験生時代から身につけることができるように、活躍中の行政書士を招き、「**明日の行政書士講座**」を実施しています。無料で動画を配信していますので、気軽にご視聴ください。

　さらに、本書をきっかけに、より詳しい学習を効率よく効果的に進めたい受験生のために「**行政書士合格講座**」「**行政書士中上級講座**」「**行政書士夏期直前対策講座**」をはじめ、各種伊藤塾オリジナル講座を用意しています。
伊藤塾　行政書士試験科ホームページ
https://www.itojuku.co.jp/shiken/gyosei/index.html

　伊藤塾は、一人でも多くの方々の法律学習の一助となり、合格後に市民に最も身近な法律家として活躍されることを願ってやみません。

　最後になりましたが、本書を出版するにあたり、伊藤塾・行政書士試験科志水晋介講師、法教育研究所の教務スタッフのほか、企画・編集等に携わっていただいた伊藤塾の阿部真由美さん、刊行にご尽力いただいた日経BPの飯嶋雅子さんをはじめ、すべての関係者に深謝いたします。

　2023年10月吉日

伊藤塾・行政書士試験科

さくいん

◾️ 編者紹介

伊藤塾（いとうじゅく）

　毎年、行政書士、司法書士、司法試験など法律科目のある資格試験や公務員試験の合格者を多数輩出している受験指導校。社会に貢献できる人材育成を目指し、司法試験の合格実績のみならず、合格後を見据えた受験指導には定評がある。1995年5月3日憲法記念日に、法人名を「株式会社 法学館」とし設立。憲法の心と真髄をあまねく伝えること、また、一人一票を実現し、日本を真の民主主義国家にするための活動を行っている。
（一人一票実現国民会議：https://www2.ippyo.org/）

伊藤塾　〒150-0031　東京都渋谷区桜丘町 17-5
　　　　　https://www.itojuku.co.jp/

■正誤に関するお問い合わせ

万一誤りと疑われる箇所がございましたら、まずは弊社ウェブサイト［https://bookplus.nikkei.com/catalog/］で本書名を入力・検索いただき、正誤情報をご確認の上、下記までお問い合わせください。

https://nkbp.jp/booksQA

※正誤のお問い合わせ以外の書籍に関する解説や受験指導は、一切行っておりません。

※電話でのお問い合わせは受け付けておりません。

※回答は、土日祝日を除く平日にさせていただきます。ご質問の内容によっては、回答までに数日ないしはそれ以上の期間をいただく場合があります。

※本書は2024年度試験受験用のため、**お問い合わせ期限は2024年10月30日（水）**までとさせていただきます。

うかる！ 行政書士 入門ゼミ 2024年度版

2023 年 11 月 21 日　　1 刷
2024 年 6 月 3 日　　2 刷

編　者　伊藤塾
　　　　©Ito-juku, 2023
発行者　中川 ヒロミ
発　行　株式会社日経 BP
　　　　日本経済新聞出版
発　売　株式会社日経 BP マーケティング
　　　　〒105-8308 東京都港区虎ノ門 4-3-12
装　丁　斉藤 よしのぶ
組　版　朝日メディアインターナショナル
印刷・製本　シナノ印刷
ISBN978-4-296-11916-5
Printed in Japan